SÉRIE SUCESSO PROFISSIONAL

Como Gerenciar E-mails

David Brake

UM LIVRO DORLING KINDERSLEY
www.dk.com

© 2002 Dorling Kindersley Limited, Londres, uma companhia da Penguin. "Dealing With E-mail" foi publicado originalmente na Grã-Bretanha em 2003 pela Dorling Kindersley Limited, 80 Strand, Londres, WC2R 0RL, Inglaterra.

Texto © 2003 David Brake

© 2007 Publifolha – Divisão de Publicações da Empresa Folha da Manhã S/A

Todos os direitos reservados. Nenhuma parte desta publicação pode ser reproduzida, arquivada ou transmitida de nenhuma forma ou por nenhum meio sem permissão expressa e por escrito da Publifolha – Divisão de Publicações da Empresa Folha da Manhã S/A

Proibida a comercialização fora do território brasileiro.

PUBLIFOLHA
Divisão de Publicações do Grupo Folha

Al. Barão de Limeira, 401, 6º andar
CEP 01202-900, São Paulo, SP
Tel.: (11) 3224-2186/2187/2197
www.publifolha.com.br

Os leitores interessados em fazer sugestões podem escrever para Publifolha no endereço acima, enviar um fax para (11) 3224-2163 ou um e-mail para atendimento@publifolha.com.br

COORDENAÇÃO DO PROJETO
PUBLIFOLHA
  ASSISTÊNCIA EDITORIAL: Camila Saraiva
  COORDENAÇÃO DE PRODUÇÃO GRÁFICA: Soraia Pauli Scarpa
  ASSISTÊNCIA DE PRODUÇÃO GRÁFICA: Priscylla Cabral

PRODUÇÃO EDITORIAL
EDITORA PÁGINA VIVA
  TRADUÇÃO: Rosemarie Ziegelmaier
  EDIÇÃO: Wally Constantino e Carlos Tranjan
  ARTE: José Rodolfo Arantes de Seixas
  REVISÃO: Claudia Morato e Agnado Alves

DORLING KINDERSLEY
  EDITORA SÊNIOR: Jacky Jackson
  EDITORA DO PROJETO: Stephanie Jackson
  EDITORA DE ARTE: Sarah Cowley
  DESIGNER DE DTP: Rajen Shah
  PRODUÇÃO: Michelle Thomas
  GERENTE EDITORIAL: Adèle Hayward
  DIRETORA DE ARTE: Marianne Markham

Produzido para a Dorling Kindersley Limited por Studio Cactus.

Este livro foi impresso em julho de 2007, pela Prol sobre papel offset 90 g/m²

SUMÁRIO

4 INTRODUÇÃO

VOCÊ NA ERA DO E-MAIL

6 COMUNICAÇÃO VIRTUAL

8 O QUE É E-MAIL?

12 USO EFICIENTE DO E-MAIL

14 MUDANÇAS NA ROTINA DE TRABALHO

16 O E-MAIL E AS OUTRAS MÍDIAS

Gestão Eficaz do E-mail

- **18** A Caixa de Mensagens
- **22** Como Localizar E-mails
- **24** Sobrecarga de Mensagens
- **28** Catálogo de Endereços
- **30** Como Achar Endereços
- **32** Praticidade nas Tarefas
- **34** Uso de Diferentes Endereços
- **38** Regras de Arquivamento
- **40** Dicas de Segurança

Etiqueta na Rede

- **14** Cuidados na Redação
- **16** Clareza ao Comunicar
- **48** Troca de Arquivos
- **50** E-mails Internacionais

- **52** Necessidades dos Clientes

Política de Uso de E-mail

- **56** Controle da Lista de Destinatários
- **58** Itens de Segurança
- **60** Os E-mails e a Lei
- **64** Definição de Regras
- **66** Teste Suas Habilidades
- **70** Índice
- **72** Agradecimentos

INTRODUÇÃO

O notável crescimento do uso do e-mail revolucionou a comunicação dentro das empresas. As mensagens eletrônicas são um meio barato, fácil de usar e quase instantâneo de entrar em contato com pessoas do mundo todo. Porém, também trouxe desafios organizacionais, técnicos e jurídicos. O livro Como Gerenciar E-Mails adota linguagem do cotidiano para explicar as características dos programas de envio de mensagens eletrônicas e ensinar como aprimorar o sistema de arquivamento, além de esclarecer dúvidas sobre as questões jurídicas. As 101 dicas e o teste de habilidades permitem avaliar sua capacidade de aproveitar bem este recurso e seus muitos benefícios para a comunicação nas empresas.

VOCÊ NA ERA DO E-MAIL

Hoje, as mensagens eletrônicas constituem uma das principais ferramentas de comunicação corporativa. Para aproveitar as vantagens, é preciso saber usar o recurso de forma eficiente.

COMUNICAÇÃO VIRTUAL

O e-mail é uma forma de comunicação bastante disseminada nas empresas e o fluxo de mensagens eletrônicas não pára de crescer. Entenda como essa tecnologia mudou a comunicação escrita e saiba como incorporá-la de forma eficiente à sua rotina.

1 Como qualquer atividade, o uso do e-mail exige gerenciamento.

GRANDE POTENCIAL

O e-mail chegou nas empresas em meados dos anos 90. No entanto, o primeiro programa de e-mail da internet, de uso exclusivo de militares e cientistas, já existia duas décadas antes. Não demorou para que as pessoas descobrissem as vantagens da rede e do correio eletrônico, a ferramenta mais usada desde então

◄ **ESCOLHA MUNDIAL**
Estima-se que existam mais de meio bilhão de usuários de e-mails no planeta. Em partes do mundo industrializado, as mensagens enviadas por e-mail superam as remessas postais

COMUNICAÇÃO VIRTUAL

Uma Nova Cultura

São muitas as diferenças entre o e-mail e o sistema de comunicação convencional. Com mais adeptos a cada dia, as mensagens eletrônicas mudaram o vocabulário das pessoas, seu modo de trabalho e expectativas. O e-mail é rápido, barato e fácil de usar, pois permite escrever para um destinatário do outro lado do planeta sem necessidade de imprimir e postar. A velocidade e simplicidade do recurso deram origem a uma forma de comunicação mais coloquial, até no contexto das empresas.

▲ **DISTÂNCIAS MENORES**
Com a disseminação da internet e dos e-mails, nunca foi tão fácil acessar informações de outras partes do mundo.

2 Estimule sua equipe e clientes a se comunicar por e-mail.

Lei de Metcalfe

Robert Metcalfe, o inventor da Ethernet, uma rede de alcance local, elaborou uma lei simples para explicar a explosão do uso do e-mail. Segundo sua teoria, a utilidade do sistema se amplia na medida em que cresce o número de usuários, o que justifica o incrível crescimento do uso do e-mail em todo o mundo nos últimos anos. Hoje é difícil encontrar uma empresa que ainda não utilize mensagens eletrônicas. Graças à proporção desta "massa crítica", surgiu uma reação em cadeia em todo o planeta, e a cada dia aumenta o número de usuários.

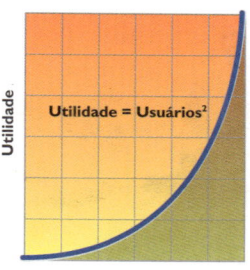

Utilidade = Usuários^2

▲ **MOTIVOS DA DISSEMINAÇÃO**
Conforme mais pessoas adotam o e-mail, quem ainda não é usuário tem estímulo para aderir, o que amplia a utilidade do sistema.

O QUE É E-MAIL?

Os programas para envio de e-mail incluem diversas alternativas úteis para a comunicação instantânea. Para utilizar os programas com eficiência, aprenda a usar estes recursos e saiba como funciona este tipo de programa.

> **3** Esteja atento aos riscos do envio de e-mails.

> **4** Use um programa atualizado de envio de e-mails.

TRANSMISSÃO

Se o destinatário do e-mail for um colega do escritório e que integre o mesmo sistema, o caminho é simples: a mensagem é enviada para um computador central, chamado de servidor, que a transfere ao seu colega, conectado ao mesmo servidor. Já os e-mails enviados por internet passam de um servidor para outro, por meio de uma rede, até chegar ao destinatário final. Em teoria, um e-mail pode ser interceptado e lido (ou até mesmo perdido) em qualquer etapa.

▼ **ENVIO DE E-MAIL POR INTERNET**
Os e-mails saem do computador do remetente rumo ao provedor (ISP), passa pelos servidores e chega ao provedor final.

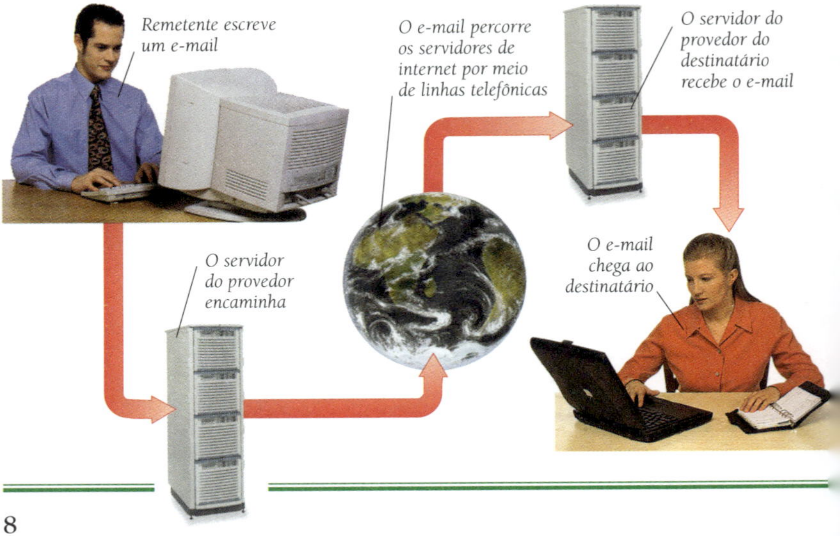

Remetente escreve um e-mail

O e-mail percorre os servidores de internet por meio de linhas telefônicas

O servidor do provedor do destinatário recebe o e-mail

O servidor do provedor encaminha

O e-mail chega ao destinatário

O QUE É E-MAIL?

CARACTERÍSTICAS DOS E-MAILS

Uma mensagem de e-mail costuma ter as mesmas opções básicas, independentemente do programa usado. Esses recursos foram desenvolvidos para garantir uma comunicação eficiente, uma vez que contam com as vantagens da transmissão eletrônica. Além de compor mensagens, os programas para envio de e-mails permitem também arquivar endereços, encaminhar mensagens e consultar as mensagens enviadas.

5 Clique sobre um endereço de e-mail para acessá-lo.

6 Use o recurso "Cco" para enviar mensagens com destinos ocultos.

▼ **USO EFICIENTE**
A fim de facilitar a comunicação, os programas para envio de e-mail costumam oferecer diversas possibilidades. Aprenda a usar os recursos para ganhar eficiência.

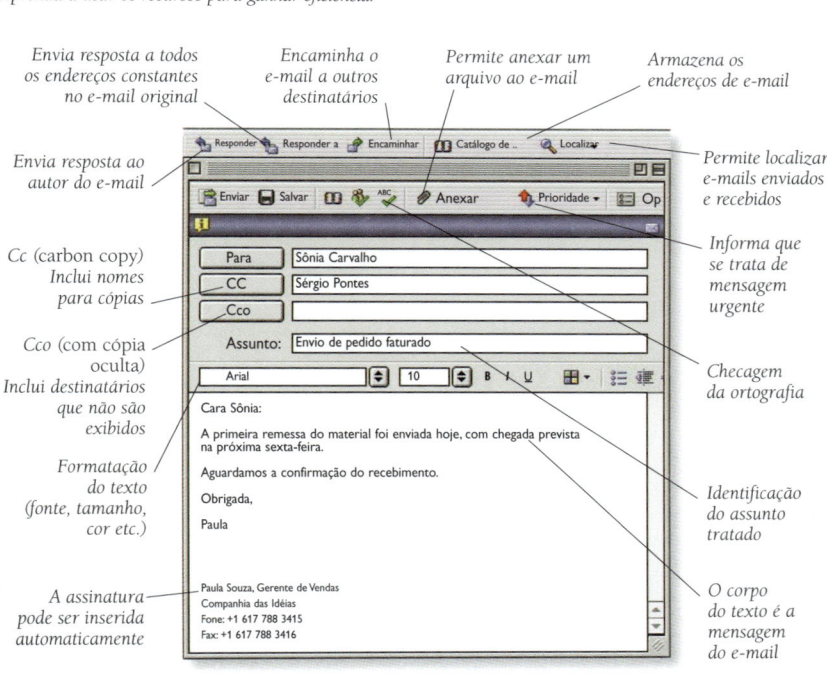

Envia resposta a todos os endereços constantes no e-mail original

Encaminha o e-mail a outros destinatários

Permite anexar um arquivo ao e-mail

Armazena os endereços de e-mail

Envia resposta ao autor do e-mail

Permite localizar e-mails enviados e recebidos

Cc (carbon copy) Inclui nomes para cópias

Informa que se trata de mensagem urgente

Cco (com cópia oculta) Inclui destinatários que não são exibidos

Checagem da ortografia

Formatação do texto (fonte, tamanho, cor etc.)

Identificação do assunto tratado

A assinatura pode ser inserida automaticamente

O corpo do texto é a mensagem do e-mail

SIGNIFICADO DOS TERMOS

TERMO	DEFINIÇÃO
SERVIDOR	Computador responsável pelo armazenamento e gestão de todos os e-mails de um grupo ou empresa.
CRIPTOGRAFIA	Processo de codificar uma mensagem para que apenas os destinatários com acesso à senha correta consigam abrir.
FILTRO	Ferramenta dos programas de e-mail que permite arquivar as mensagens em pastas ou desempenhar outras tarefas automaticamente.
E-MAIL HTML	Mensagens que incluem formatação ou imagens. Em geral, são parecidas com uma página da internet. Alguns sistemas de e-mail não recebem mensagens de HTML.
INTERNET	Rede internacional de computadores, conectados entre si por meio da rede de telecomunicações existente.
INTRANET	Sistema com páginas ou outros recursos similares aos da internet, mas acessível apenas dentro de uma empresa.
ISP (PROVEDOR)	Em inglês, *internet service provider*. É a empresa que liga as pessoas ou empresas à internet por meio da linha telefônica ou conexão direta.
SENHA	Código que permite acesso à consulta de e-mails, textos ou de páginas da internet, em geral usada para limitar o acesso dos usuários.
AVISO DE RECEBIMENTO	Sistema que, quando ativado, informa o remetente que sua mensagem foi recebida pelo destinatário.
SPAM	Mensagem enviada sem a solicitação do destinatário, em geral com teor comercial.
THREAD	Sucessão de mensagens relacionadas a um mesmo assunto.

Quanto Custa Mandar um E-mail

Embora o envio de mensagens eletrônicas (sobretudo em uma rede corporativa) pareça gratuito, é importante saber que, no caso das correspondências convencionais, o custo não se limita a papel, tinta e selo. O principal custo de um e-mail é o tempo dedicado para elaboração, leitura e arquivamento. Em muitas empresas, a facilidade para mandar uma mensagem para um destinatário ou para cem é a mesma, mas pode sair caro: se uma mensagem sem importância é enviada para uma centena de pessoas e cada uma gasta um minuto para descartá-la, o total de tempo desperdiçado é de uma hora e meia.

7 Peça aviso de recebimento dos e-mails enviados.

8 Se digitar um endereço, confirme se está correto.

▲ O CUSTO DE E-MAILS INÚTEIS
É possível estimar quanto tempo se desperdiça em uma empresa com o envio de mensagens desnecessárias a partir do cálculo do tempo médio de leitura.

PASSO A PASSO
1. Comunique o recebimento de um e-mail importante.
2. Use a lista de endereços para acessar os e-mails.
3. Informe o teor da mensagem no assunto.

Por Que os E-mails Não Chegam

O principal motivo para a falha na entrega de uma mensagem é a informação incorreta do e-mail de destino. As mensagens enviadas por internet passam de um servidor a outro e pode acontecer, embora seja raro, que um deles falhe na retransmissão. Mas o programa de gestão de e-mails do destinatário também pode recusar o recebimento, se a mensagem for grande demais ou confundida com um "spam".
Em geral, quando isso ocorre, o remetente é informado sobre o problema, às vezes, várias horas após o envio. Ao mandar uma mensagem importante, peça ao destinário que confirme o recebimento do e-mail.

Uso Eficiente do E-mail

Todos os programas de gestão de e-mails oferecem vários recursos desenvolvidos para garantir rapidez, eficiência e facilidade. Aprenda a usar essas ferramentas, mas combine-as com um sistema de trabalho organizado.

9 Lembre-se de que nem todos os e-mails exigem resposta imediata.

10 Evite consultar sua caixa de entrada o tempo todo.

11 Reserve horários para responder os e-mails.

Questão de Prioridade

Para obter rapidez, é importante saber empregar os recursos oferecidos pelo programa de gestão de e-mails. Organize suas mensagens adotando um sistema de prioridades: nem todas as mensagens exigem resposta imediata e, em alguns casos, basta confirmar o recebimento. Existem ainda e-mails que dispensam qualquer resposta e os que podem ser deletados antes mesmo de serem lidos. Peça aos colegas, clientes e fornecedores para indicarem a urgência das mensagens e informar o prazo para resposta.

▼ **CLASSIFICAÇÃO**
Aprenda a organizar as mensagens de sua caixa de entrada de acordo com a urgência e importância, e responda-as na ordem correta.

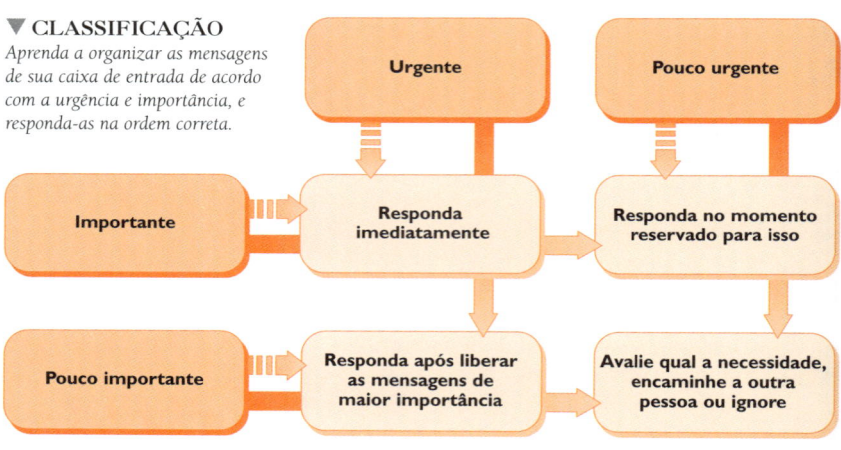

USO EFICIENTE DO E-MAIL

▲ **CONTATO DIRETO**
Algumas vezes, uma conversa rápida com os colegas pode ser mais eficiente do que o envio de uma série de e-mails com cópias para vários setores da empresa.

SEM E-MAIL

O e-mail está substituindo a comunicação pessoal mesmo entre colegas de empresa. No entanto, um telefonema ou uma conversa podem ser mais eficientes do que o envio de uma mensagem eletrônica. Quando o e-mail for a opção mais indicada, lembre-se de que mandar cópias para muitas pessoas pode originar uma série de discussões. Se você achar que recebe muitos e-mails com pouca relevância por estar incluído em uma lista prévia, use o recurso "ignorar mensagem de" para bloquear e-mails específicos.

> **12** Use a intranet para mandar comunicados internos e gerais.

PROGRAMAS ESPECIAIS

Existem programas de e-mails que realizam tarefas adicionais. Alguns softwares, como os desenvolvidos para auxiliar as equipes de vendas ou de suporte, permitem associar os endereços de e-mail dos clientes a uma "ficha" com dados diversos, usados para "lembrar" datas como o aniversário ou o período de renovação de um contrato, por exemplo. Outros programas estão associados a outros fluxos da empresa, como a geração de faturas: basta um clique do mouse para autorizar e providenciar a realização de determinada tarefa.

▲ **TAREFA AUTOMÁTICA**
Você não precisa recorrer a uma agenda para lembrar dos afazeres, pois alguns programas fazem isso para você.

MUDANÇAS NA ROTINA DE TRABALHO

Uma das principais conseqüências do uso do e-mail foi a transformação do modo de trabalho. A possibilidade de receber e enviar mensagens com anexos, mesmo sem linha telefônica, ampliou a chance de atuar fora do escritório.

> **13** Verifique se seu celular recebe e-mails de outros países.

> **14** Em viagens, use o celular ou PDA para mandar e receber e-mails.

COMUNICAÇÃO EM QUALQUER LUGAR

Até pouco tempo, era preciso conectar o *laptop* a uma linha telefônica para acessar a caixa de mensagens e consultar os e-mails. Agora, com o avanço da tecnologia *wireless*, as pessoas podem executar essas tarefas em qualquer lugar. Os *Personal Digital Assistants* (PDAs) também permitem verificar as mensagens. Mas em geral esse sistema custa mais caro e nem sempre é possível abrir os anexos.

▼ **SEM PERDA DE TEMPO**
Aproveite o tempo gasto com deslocamento para checar sua caixa de entrada e responder mensagens.

TRABALHO EM CASA

Com os e-mails, os profissionais podem trabalhar em casa com mais eficiência e sem perder o contato com o que acontece no escritório. Essa facilidade permite que as empresas reduzam as equipes fixas, e muitos funcionários, sobretudo os que têm filhos pequenos, apreciam a flexibilidade. O resultado é maior motivação dos colaboradores e menores custos para a empresa, pois uma equipe pode dar seqüência a um projeto sem precisar ir ao escritório todos os dias.

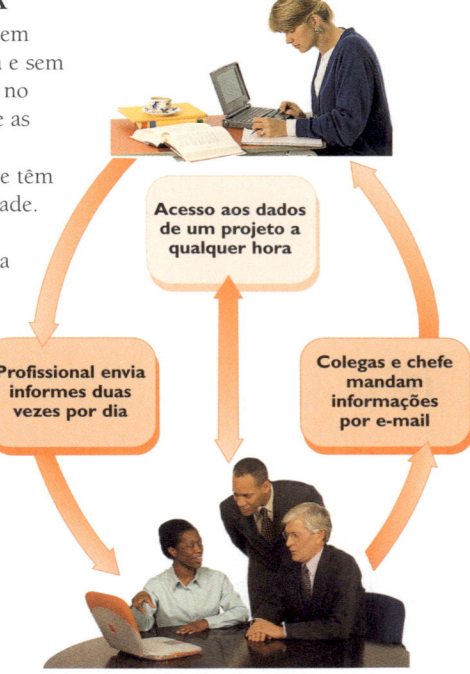

▶ FLUXO DE INFORMAÇÃO
É possível trocar informações e atualizar dados com os colegas do escritório quase em tempo real.

15 Avalie se os e-mails podem flexibilizar seus horários.

▶ REDEFINIÇÃO DAS PRÁTICAS
No exemplo ao lado, o uso do e-mail permitiu que a executiva mantivesse contato com sua equipe e realizasse suas tarefas mesmo fora do escritório.

ESTUDO DE CASO
Uma gerente de marketing precisava passar bastante tempo fora do escritório, em visita a clientes e a agências de publicidade ou participando de eventos. Como a ausência dificultava o contato com outros setores da empresa, a executiva decidiu comprar um celular equipado com modem, além dos acessórios necessários para conectá-lo a um laptop.

Com a novidade, as reuniões fora da empresa deixaram de ser interrompidas por constantes chamadas do telefone celular, pois sua equipe se comunica por e-mail: a executiva verifica a caixa de mensagens e responde as demandas mesmo quando está em outra cidade. A medida permite que, ao chegar ao escritório, muitas tarefas já estejam solucionadas ou em andamento.

O E-MAIL E AS OUTRAS MÍDIAS

Na comparação com outros meios de comunicação, as vantagens do e-mail são muitas. Quem aprende a aproveitar todos os recursos para uso pessoal e profissional não consegue trabalhar sem este sistema.

> **16** Use o e-mail para marcar reuniões e apresentar a pauta com antecipação.

> **17** Mensagens complexas podem contar com anexos.

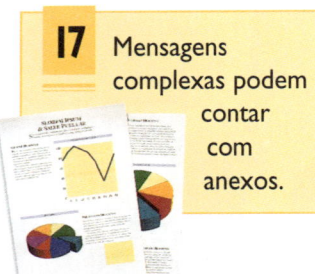

BENEFÍCIOS VALIOSOS

Pelo custo da conexão à internet, é possível mandar um e-mail a qualquer pessoa que tenha um e-mail, em qualquer lugar do planeta, além de anexar imagens e outros arquivos. É possível enviar uma mensagem a qualquer hora, sem interferência dos fusos horários, e abri-la no momento de maior conveniência. Ao contrário do que ocorre com as chamadas telefônicas, permanece um registro do que foi combinado.

MEIOS DE COMUNICAÇÃO

TIPO	CUSTO	RETENÇÃO DE DADOS
E-MAIL	Baixo. Feita a conexão, o custo de envio é pequeno.	Excelente. Os e-mails são arquivados automaticamente e de fácil localização.
CHAMADA TELEFÔNICA	Variável. Depende das tarifas e do número de envolvidos, se for uma *conference call*.	Variável. O registro e transcrição das chamadas costuma custar caro.
CONTATO DIRETO	Alto. Além de alterar a rotina pode envolver custos de deslocamento e hospedagem.	Variável. Como ocorre com os telefonemas, exige tempo para gerar um registro.

O E-MAIL E AS OUTRAS MÍDIAS

ASPECTOS NEGATIVOS

O custo para quem recebe uma mensagem pode ser bem maior do que para quem manda, pois um único remetente às vezes compromete o tempo de muita gente. Como os e-mail parecem mais pessoais do que chamadas telefônicas, as pessoas tendem a usar o recurso para fins particulares. Outro risco é a dispersão: graças à facilidade em responder, é grande a tentação de interromper tarefas para responder mensagens, ainda que desnecessárias.

MENOS COMPLICAÇÃO

Uma das consequências mais revolucionárias da comunicação instantânea é a facilidade em manter contato com clientes e contatos externos. Porém, dentro da empresa o e-mail não revolucionou todas as formas de interação: algumas vezes, é usado para o envio de memorandos ou como substituto para reuniões ou telefonemas. Eficiente para a transmissão de dados, não substitui o contato humano na hora de convencer pessoas.

O olhar direto e a linguagem corporal ajudam a defender uma idéia

CARA A CARA ▶
Em um escritório, as reuniões podem ser mais eficientes do que a troca de mensagens eletrônicas.

TEMPO	EFICÁCIA
Administrável. Mesmo que a mensagem chegue na ausência do destinatário, é possível lê-la em horários alternativos.	Baixa. As pessoas não têm contato direto e podem perder algumas "pistas" da conversa. Se muitas pessoas recebem, torna-se impessoal.
Complicado. É preciso considerar a adequação do horário, sobretudo se houver fuso horário. *Conference calls* exigem agendamento prévio.	Média. Permite transmitir entusiasmo e planejar com antecedência o que será dito. No entanto, não inclui presença física.
Complicado. Participantes que se deslocaram podem se sentir incomodados se não tiverem tempo para descansar e se preparar.	Alta. Em uma reunião, o contato direto permite identificar sinais e usar a linguagem do corpo para reforçar uma mensagem.

Gestão Eficaz do E-mail

O modo de gerir seus e-mails pode afetar sua eficiência no trabalho. Aprenda a utilizar o recurso da melhor maneira para economizar tempo e organizar sua rotina profissional.

A Caixa de Mensagens

Conforme o e-mail assume o papel dos memorandos internos, sua caixa de entrada pode ser tão valiosa quanto um arquivo. A fim de garantir acesso fácil às mensagens, use pastas e filtros para encaminhamento automático.

> **18** Se quiser partilhar o teor de um e-mail, utilize um filtro público.

Organização

- Crie uma pasta para cada projeto
- Se for necessário, crie divisões dentro das pastas
- Arquive os e-mails recebidos na pasta correspondente

Pastas Múltiplas

Todas as mensagens recebidas ficam registradas na caixa de entrada, e os e-mails enviados vão para a pasta de "itens enviados". Trata-se do equivalente eletrônico das caixas de entrada e de saída de papéis. Se você recebe uma quantidade muito grande de e-mails e os deixa na caixa de entrada, pode ser difícil localizar uma mensagem quando precisar consultá-la. Crie pastas específicas (como uma para cada projeto, por exemplo) e transfira as mensagens para o destino adequado assim que recebê-las.

A CAIXA DE MENSAGENS

PLANEJAMENTO PRÉVIO

Em vez de criar novas pastas conforme um projeto avança, procure planejar o que será necessário e encontre um sistema adequado para cada item. Se você tem pastas específicas para pessoas e projetos e outras para assuntos, pode haver duplicidade e dúvidas na hora de arquivar uma mensagem. A maioria dos programas permite a criação de pastas dentro de pastas, o que viabiliza uma classificação bastante organizada.

LEMBRE-SE

- Organize as pastas de e-mail de acordo com os projetos.
- Após solucionar o teor de uma mensagem, apague-a.
- Deixe no sistema apenas as mensagens importantes, para não "lotar" a caixa de entrada.
- Adote um sistema claro de organização, para que outras pessoas também entendam.

19 Estimule os colegas e a equipe a adotar o mesmo sistema de organização de pastas.

▼ ARQUIVO EM ORDEM
Classifique seus e-mails em pastas, de acordo com o assunto e a prioridade. Com regularidade, elimine as mensagens desatualizadas ou solucionadas.

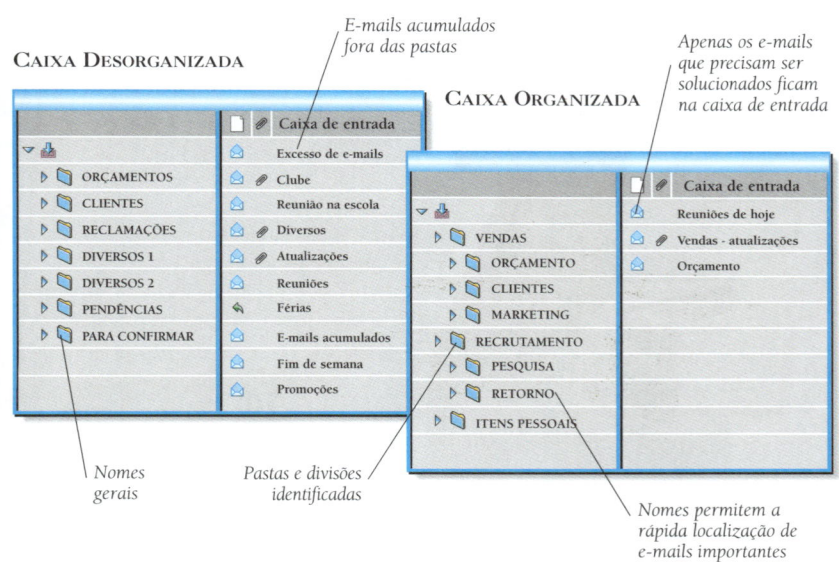

CAIXA DESORGANIZADA

E-mails acumulados fora das pastas

Nomes gerais

Pastas e divisões identificadas

CAIXA ORGANIZADA

Apenas os e-mails que precisam ser solucionados ficam na caixa de entrada

Nomes permitem a rápida localização de e-mails importantes

Arquivo Automático de Mensagens

A maioria dos programas permite organizar o e-mail de modo automático, simplificando a tarefa de arquivar mensagens. Basta examinar cada uma assim que ela chega e consultar o conjunto de filtros que você criou. Todos os e-mails relativos a certo assunto ou projeto, por exemplo, podem ser automaticamente enviados para a pasta de sua escolha. Assim, fica fácil responder com uma carta-padrão a todos os e-mails contendo certas frases (como "contas a pagar"), ou encaminhar tais mensagens para os destinatários corretos.

PERGUNTE-SE

- P Todos os e-mails de uma pessoa ou empresa estão guardados na mesma pasta?
- P Costumo me certificar de ter lido as mensagens que foram arquivadas automaticamente?
- P Meus e-mails vêm sendo guardados nas pastas certas?
- P Posso descartar filtros antigos, instalados anteriormente?
- P Há alguma pasta fora de uso que pode ser excluída?

▼ PASTAS EM ORDEM
Sua caixa de entrada deve funcionar como um grande arquivo: organize suas pastas de acordo com as demandas do trabalho.

Como todo sistema eficiente de arquivo, o e-mail tem de conter pastas principais e subpastas, para facilitar a consulta

Uso de Filtros

Se está difícil lidar com o volume de mensagens recebidas, analise o que pode fazer para melhorar. Você arquiva todos os e-mails de determinado grupo ou pessoa num só lugar? Você envia respostas similares a todos que escrevem sobre o mesmo tema? Se sim, e se é possível identificar esses padrões, crie um filtro para execução automática desse tipo de tarefa. Em geral, pode-se aplicar esse filtro até retrospectivamente, para e-mails já recebidos. Algumas empresas provedoras de serviços de internet se utilizam de técnicas similares para bloquear a recepção de *spams*.

20 Dê uma parada para organizar os e-mails – e poupe tempo mais tarde.

A CAIXA DE MENSAGENS

Fornecedor envia à gerente confirmação da ordem de serviço

Gerente supervisiona a cadeia de operação

Cliente envia à gerente confirmação de produtos recebidos

▼ **FERRAMENTA ÚTIL**
A instalação de filtros permite arquivar mensagens assim que elas são recebidas, encaminhando-as automaticamente a outros colegas e departamentos.

Filtro arquiva e-mail do fornecedor em pasta apropriada

Outro filtro arquiva o e-mail da cliente numa pasta específica

O filtro encaminha o e-mail da cliente para um colega da gerente

CONTROLE CONSTANTE

Ao ativar seus filtros, lembre-se de que eles nem sempre funcionarão do jeito que você gostaria. Alguns e-mails de colegas tratando de questões particulares podem acabar na pasta de temas "corporativos". Do mesmo modo, arquivos que você mesmo envia de casa para o trabalho talvez parem no arquivo "pessoal". Por isso, fique atento: verifique regularmente os filtros criados, a fim de garantir, por exemplo, que você não está arquivando automaticamente mensagens de pessoas que nem trabalham mais na empresa. Muitos filtros ativados também reduzem a velocidade de exibição de mensagens, pois o computador demora para arquivá-las.

21 Encontre e-mails incorretamente arquivados em pastas pouco usadas.

▼ **FUNCIONALIDADE**
Monitore sempre os filtros instalados. Mantenha ativos apenas aqueles que estão arquivando, encaminhando ou deletando e-mails conforme você queria.

Crie filtros → Verifique os filtros regularmente → Remova filtros desnecessários

GESTÃO EFICAZ DO E-MAIL

COMO LOCALIZAR E-MAILS

Quanto mais seu trabalho depende do uso do e-mail e com o aumento das mensagens recebidas pode ser difícil localizá-las, mesmo com o uso de pastas. Aprenda a utilizar os recursos do programa de gestão de e-mails para facilitar a tarefa.

22 É possível fazer buscas entre e-mails enviados e recebidos.

23 Delete ou arquive as mensagens desatualizadas.

SEM PERDA DE TEMPO

A localização de arquivos fica bem mais fácil se houver uma divisão por assunto para acomodar as mensagens recebidas. Se você souber a data do e-mail, o assunto ou o nome do remetente, também pode procurá-lo de acordo com esses critérios (em geral, basta clicar no botão correspondente). As mensagens que não foram lidas aparecem em destaque (com a fonte em negrito – bold) e acompanhadas de um ícone, como um envelope fechado. Assim, é simples identificá-las no meio das outras com uma consulta rápida.

▼ **ORGANIZAÇÃO**
Com a caixa de entrada em ordem, é possível localizar uma mensagem recebida sem perda de tempo.

Colega pede os termos de um acordo

Basta uma consulta rápida à caixa de entrada para localizar o documento

Como Localizar E-mails

Localização

- Dê a palavra-chave
- Procure pelo remetente
- Pesquise o nome da pasta
- Informe a data
- Pesquise o assunto

Palavras-Chave

Todos os programas de uso de e-mail incluem um mecanismo de busca chamado "localizar". Ao clicar no botão com esse nome irá aparecer um quadro, no qual você deve digitar os dados referentes à mensagem que deseja encontrar. Às vezes um nome não basta para a localização, sobretudo quando se tratar de um assunto bastante comum nas suas correspondências (como "vendas" ou "orçamento", por exemplo). Porém, a indicação de um termo específico costuma acelerar o processo de identificação.

Busca Avançada

Se você prefere fazer uma pesquisa mais refinada, procure a opção de "busca avançada". Caso souber o nome de quem enviou a mensagem que deseja encontrar ou o período do recebimento, informe esses dados nos campos correspondentes. Outra opção é solicitar a exibição de todos os e-mails acompanhados de alguma sinalização, como o aviso de "urgente", por exemplo. Quando tiver certeza de que uma determinada palavra-chave aparece na linha de referência da mensagem (identificada como "assunto"), digite-a e solicite uma busca específica.

24 Enquanto o programa faz uma busca, dedique-se a outra tarefa.

Certo e Errado

- ✓ Para uma busca mais eficiente, utilize pelo menos dois critérios, como data e assunto.
- ✓ Escolha uma palavra específica para o e-mail que deseja encontrar.
- ✗ Evite deixar um acúmulo de e-mails sem organização.
- ✗ Se tiver mais dados para refinar a busca, não faça um pedido com critérios gerais.

25 Ao usar o recurso "Localizar", tente até os nomes menos prováveis.

SOBRECARGA DE MENSAGENS

Você pode usar a tecnologia para ajudá-lo a gerenciar os e-mails enviados, mas seu modo de trabalho também é importante. Aprenda a identificar as mensagens que podem ser ignoradas ou encaminhadas a fim de otimizar o seu tempo.

26 Envie respostas apenas para quem precisa recebê-las.

27 Crie o hábito de deletar todos os e-mails desnecessários sem demora.

DELEGAÇÃO DE RESPONSABILIDADES

Se um e-mail que chega na sua caixa postal pode ser solucionado por outra pessoa, encaminhe a mensagem ao responsável, junto com uma cópia para a pessoa interessada. Caso você receba regularmente consultas sobre temas que não são de sua responsabilidade, use filtros para retransmitir essas mensagens aos colegas habilitados para solucionar a questão.

▼ QUEM INFORMAR

O uso do e-mail permite que um pedido externo seja encaminhado ao responsável pelo assunto na empresa, mantendo o cliente a par de todo o processo.

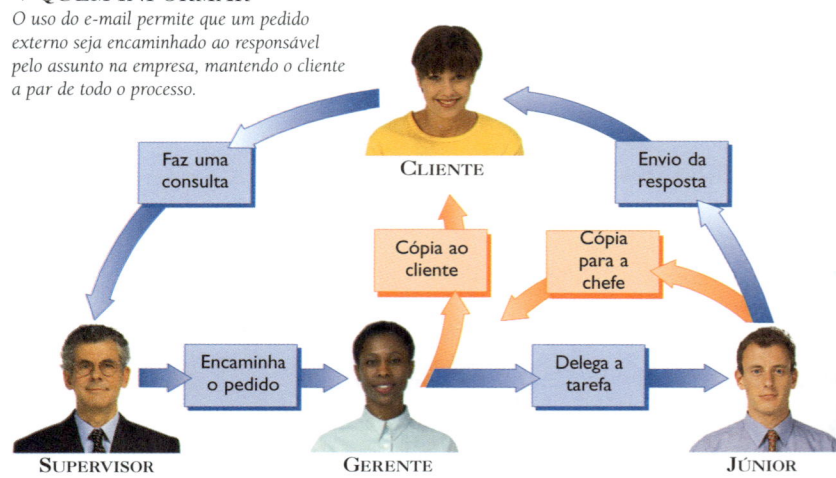

SOBRECARGA DE MENSAGENS

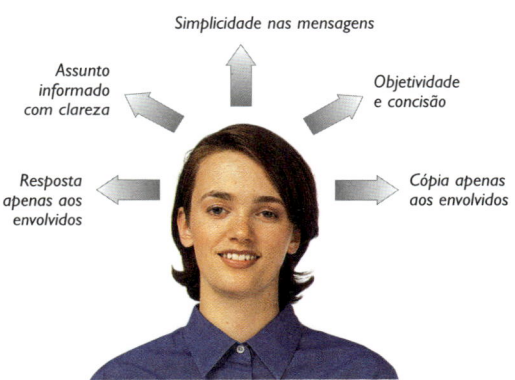

◀ **EM NOME DA FACILIDADE**
Dispense a seus colegas o tratamento que gostaria de receber. Evite e-mails longos e freqüentes e posicione-se como um contato a ser procurado por necessidade e não por hábito.

MENSAGENS QUE DISPENSAM RESPOSTAS

Pode acontecer de seu nome entrar em uma lista de destinatários apenas para que você tome conhecimento de determinado assunto ou medida. Caso seu e-mail apareça na linha de "Cc" ("cópia" e não destinatário da mensagem), evite a tentação de interferir. Você também pode achar que recebeu alguma mensagem por engano: se tiver dúvida, consulte o remetente antes de se envolver e certifique-se da necessidade de seu conhecimento do processo.

28 Identifique os e-mails que terá de reconsultar.

29 Se achar que recebe e-mails por engano, avise os remetentes.

LEITURA EFICIENTE

Um dos erros mais comuns é deixar mensagens antigas se acumularem na caixa de entrada. Em geral, os e-mails urgentes recebem resposta imediata, enquanto os menos importantes são deletados após a solução do assunto. Porém, aqueles que não se encaixam em nenhuma dessas categorias podem permanecer na lista por meses. Assim que receber uma mensagem, tente solucioná-la imediatamente: caso tenha de retornar ao assunto prefira identificá-lo, para que não precise voltar a ler o teor da mensagem quando tiver tempo de se dedicar ao assunto.

Hora Certa de Usar os E-mails

Embora o e-mail seja um meio de comunicação que permite a resposta imediata, nem sempre é preciso agir com urgência. A não ser que você esteja esperando uma mensagem realmente urgente, procure trabalhar com o programa de recebimento de e-mails fechado até solucionar as tarefas mais importantes do dia. Na hora de verificar as novidades da caixa de entrada, só pare para ler as mensagens de baixa prioridade se tiver tempo para solucioná-las.

Pergunte-se

- Esse e-mail precisa ser lido imediatamente?
- O teor desta mensagem é de responsabilidade de outra pessoa?
- O remetente aguarda uma resposta? Em qual prazo?
- Esse assunto poderia ser resolvido com mais rapidez ou eficiência com um telefonema?

30 Mantenha a caixa de entrada e de saída em ordem.

Após a Ausência

- Avalie rapidamente se há alguma urgência
- Leia os e-mails a partir da data atual
- Determine um horário para ler os demais e-mails
- Ao solucionar um assunto, delete os e-mails anteriores sobre o tema

Fora do Escritório

Sempre existem ocasiões em que não é possível consultar os e-mails recebidos. Quando isso ocorrer, uma saída para evitar que sua caixa de entrada fique lotada é encaminhar suas mensagens para um colega. Neste caso, um filtro pode responder todas as mensagens e informar automaticamente sobre sua ausência e sobre a retransmissão do e-mail para outro profissional. Se você não puder programar esse tipo de resposta automática, avalie a possibilidade de enviar um e-mail para alertar as pessoas com quem mantém contato mais constante em sua ausência.

31 Ao se ausentar do escritório use filtros para encaminhar os e-mails aos colegas.

SOBRECARGA DE MENSAGENS

MENSAGENS DESNECESSÁRIAS

32 Avalie se o e-mail é o sistema mais adequado para sua necessidade.

As pessoas desperdiçam grande quantidade de tempo com a troca de e-mails sem importância. Explique aos colegas e funcionários que uma mensagem só deve ser encaminhada quando houver pendência de uma solução e desprograme o encaminhamento automático de e-mails. Não retransmita e-mails com piadas, pedidos de assinaturas e "correntes", que lotam as caixas de entrada e contribuem para a perda de tempo. Avalie a possibilidade de usar outras formas de comunicação na empresa.

Colegas conversam enquanto tomam café.

CARA A CARA ▶
O contato pessoal faz parte da vida nos escritórios. Por isso, reserve tempo para conversar com as pessoas em vez de tentar solucionar tudo por e-mail.

ALTERNATIVAS ELETRÔNICAS

SISTEMAS	VANTAGENS
INTRANET	Permite transmitir mensagens importantes aos colaboradores de forma organizada. Pode ser usada para comunicados habituais.
MESSAGEBOARD	Estimula a atuação em grupo pois permite que as contribuições sejam partilhadas. Em geral, integra um sistema de intranet.
MENSAGENS INSTANTÂNEAS	Permite a troca instantânea de mensagens curtas entre usuários online. Mais usadas com fins sociais, pode ser útil nas empresas.
VIDEOCONFERÊNCIA	Podem ser promovidas utilizando-se a internet ou a rede da empresa, utilizando câmeras ou outros equipamentos especiais.
GROUPWARE	Programa que permite que diversas pessoas alterem e discutam um mesmo documento ou imagem por meio de uma rede.

CATÁLOGO DE ENDEREÇOS

Aprenda a utilizar os recursos do software de gestão de e-mail para encontrar os endereços com rapidez. Com o programa, não é preciso digitar os endereços e a elaboração de uma lista de destinatários coletiva fica bem mais fácil.

33 Use o catálogo de endereços para evitar erros de digitação.

34 Ao enviar a mesma mensagem para muitos destinatários, oculte os endereços.

Como Usar o Catálogo

Se você costuma trocar e-mails constantes com uma pessoa, registre o endereço dela no catálogo do seu programa de gestão de mensagens. Organize os endereços em pastas, de acordo com os diversos assuntos, e dê nomes específicos. Para criar uma mensagem, em vez de digitar "fulanodetal@empresaX.com.br" basta escrever "fulanodetal" para que o programa procure o endereço correto, evitando erros de digitação.

Colega passa lista de contatos

◀ **PARTILHA DE DADOS**
No caso de um período de ausência, passe para um colega os principais endereços de e-mail para que ninguém precise consultar sua caixa de mensagens.

35 Registre telefones no catálogo de endereços.

CATÁLOGO DE ENDEREÇOS

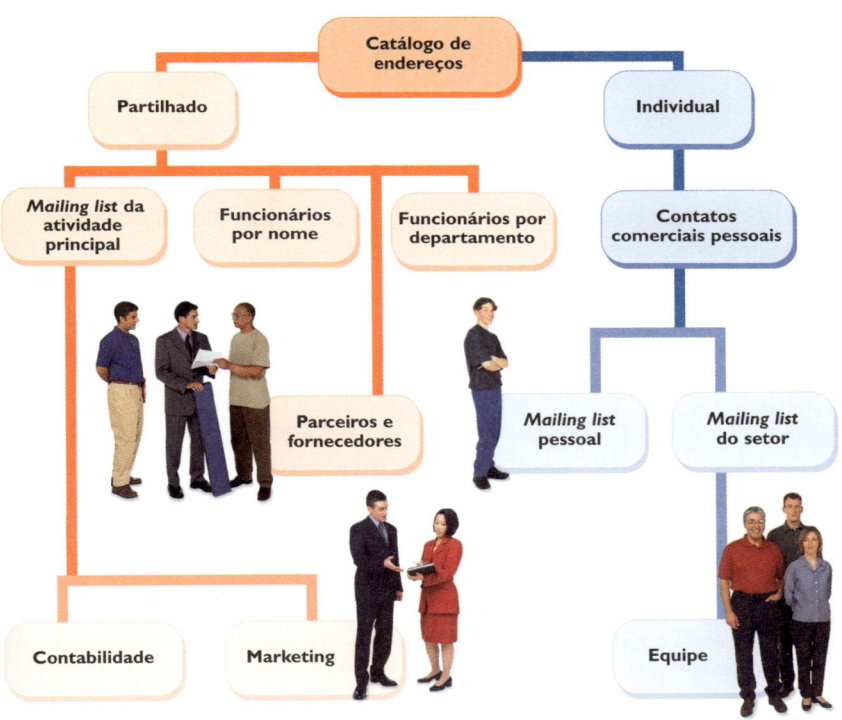

ENDEREÇOS COLETIVOS

A criação de um catálogo central permite a partilha de informações sobre clientes ou projetos novos, além do envio de mensagens para colegas da empresa sem o risco de errar na hora de relacionar os destinatários. A maioria dos programas desenvolvidos para uso em escritório oferece essa função, mas não é o caso de todos os softwares de mensagens eletrônicas. Algumas informações podem (e devem) ser armazenadas individualmente, mas outros dados permanecem de acesso comum. Certifique-se de que há um responsável pela atualização da lista.

▲ GRUPOS DE DESTINATÁRIOS

Use os recursos do programa para formar grupos com endereços das pessoas com quem você tem contato constante. Na hora de compor uma mensagem, a lista de endereços irá aparecer automaticamente.

36 Lembre-se de atualizar os endereços do catálogo.

Como Achar Endereços

A internet facilitou a busca de quase todo tipo de informação, mas encontrar o e-mail de uma pessoa não é uma tarefa fácil. Embora não exista um método garantido, é possível localizar um endereço de e-mail mesmo a partir de poucos dados.

> **37** Use o catálogo coletivo para reaver endereços perdidos.

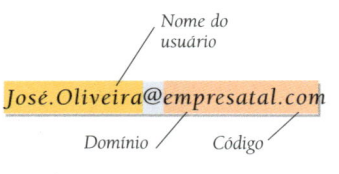

▲ **LOCALIZAÇÃO**
Se você souber qual é o domínio do endereço, fica mais fácil encontrar o e-mail da pessoa procurada.

Busca de E-mail

Se não lembrar de um endereço, use o recurso "Localizar" para encontrar um e-mail enviado ou recebido e copiar os dados. Você pode informar o nome da pessoa ou empresa para pedir a busca. Caso encontre o endereço de um colega, siga a lógica: se você quer achar o endereço de José de Oliveira na Empresa Tal e localiza apenas "m.silva@empresatal.com", é provável que o endereço seja "j.oliveira@empresatal.com".

Códigos de Domínio

Domínio	Significado
.com	Indica que se trata de uma empresa.
.org	Costuma identificar organizações não-governamentais.
.br, .pt etc.	Código do país de origem da mensagem: "br" é o código do Brasil.
.gov	Subdomínio, algumas vezes combinado com o código do país, que indica que se trata de um organismo do governo.
.edu	Subdomínio, algumas vezes combinado com o código do país, que indica que se trata de uma instituição de ensino.

COMO ACHAR ENDEREÇOS

▼ TENTATIVAS LÓGICAS

Os endereços de e-mail são formados pela informação do nome do usuário, o símbolo @ (arroba), o domínio e o código, em geral seguidos do código de país.

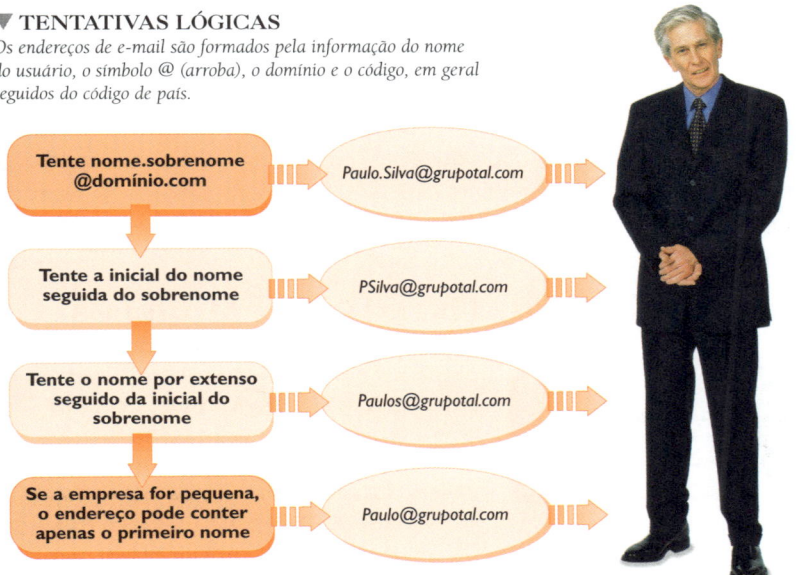

Tente nome.sobrenome @domínio.com → *Paulo.Silva@grupotal.com*

Tente a inicial do nome seguida do sobrenome → *PSilva@grupotal.com*

Tente o nome por extenso seguido da inicial do sobrenome → *Paulos@grupotal.com*

Se a empresa for pequena, o endereço pode conter apenas o primeiro nome → *Paulo@grupotal.com*

LISTAS VIRTUAIS

A internet oferece algumas listas públicas de endereços de e-mail, que podem ser consultadas para encontrar um endereço. Porém, nem sempre funcionam: o conteúdo das listas depende da inclusão dos usuários, evitada por muitas pessoas para fugir de *spams*. Se o endereço desejado tiver sido divulgado na web, pode ser localizado por meio de uma checagem em um site de busca.

SITES DE EMPRESAS

Muitas empresas relacionam em seu site os e-mails de seus colaboradores, em geral organizados de acordo com os setores internos. Algumas dão detalhes, como o cargo da pessoa, por exemplo. Caso você saiba o nome da empresa, localize o site na internet. Você pode usar o endereço geral ("fale conosco") para pedir informações sobre o endereço da pessoa que deseja contatar.

38 Antes de enviar uma mensagem, verifique se o endereço do destinatário está correto.

PRATICIDADE NAS TAREFAS

Se você se planejar, poderá digitar menos ao executar suas tarefas. Uma medida é o uso de e-mails padrão, alterados de acordo com o caso, ou o acréscimo de assinatura com seus dados, o que confere à mensagem um aspecto mais profissional.

39 Antes de mandar um e-mail padrão, verifique se está correto.

PADRÃO

- Crie modelos de mensagem
- Copie o texto e o transfira para o e-mail
- Faça pequenas alterações para deixar a mensagem mais pessoal
- Envie aos destinatários

40 Use como modelo os e-mails que costuma enviar.

CRIAÇÃO DE MODELOS

Em geral, os programas de gestão de e-mail permitem criar modelos (*templates*), a exemplo dos programas de edição de texto. Com esse recurso, é possível aproveitar alguns trechos (como a abertura, por exemplo) e modificar o restante. Programas mais avançados ajustam o teor de cada mensagem de acordo com as mudanças solicitadas – o texto pode incluir o nome da empresa do destinatário, por exemplo. Se seu programa não tem essa função, salve os textos que considera padrão em um arquivo de texto e cole-o nos e-mails quando necessário. Para deixar a mensagem mais pessoal, faça alterações.

CERTO E ERRADO

✔ Avalie as mensagens enviadas para saber as que se repetem e podem se tornar um modelo.

✔ Antes de mandar uma mensagem padrão, leia com atenção e veja se não parece "genérica".

✔ Regularmente, releia as mensagens modelo para se certificar de que estão atuais.

✘ Evite usar filtros para enviar e-mails padrão sem necessidade, pois o recurso pode parecer impessoal.

✘ Jamais use respostas padrão para casos que exigem um toque de individualidade.

✘ Se quiser que o modelo tenha vida longa, não inclua informações em excesso.

PRATICIDADE NAS TAREFAS

41 Verifique se a função *mailmerge* do computador pode ser usada com e-mail.

REENVIO DE MENSAGENS

Talvez você receba mensagens que não pode responder sem o auxílio de um colega. Para evitar consultas detalhadas, reenvie o e-mail recebido e acrescente suas dúvidas no início do texto. Na linha destinada ao assunto irá aparecer a sigla "fw", informando que se trata de uma mensagem encaminhada. O teor será exatamente igual ao do e-mail que você recebeu. Se você achar que as palavras da linha de referência não esclarecem o assunto, altere-as adequadamente.

USO DE ASSINATURAS

A maioria dos programas permite a inserção de uma "assinatura" automática no final de todos os e-mails criados. Em geral, esta identificação inclui o nome do remetente, seu cargo e empresa na qual atua, além dos dados da organização. Não raro, contém ainda um texto que informa sobre a confidencialidade das informações (*disclaimer*), destinada a proteger a empresa e o autor do e-mail caso a mensagem tenha destino equivocado. Evite assinatura longa demais: é irritante receber um e-mail com duas linhas seguidas de identificação. Antes de adotar uma assinatura, mande um e-mail para você e confira os dados.

42 Use uma fonte diferente para a assinatura.

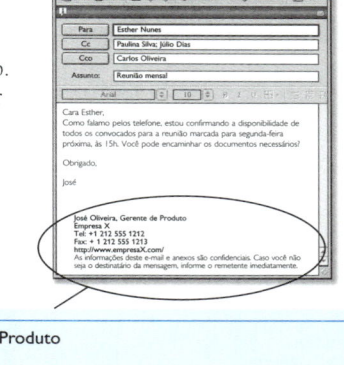

Nome e cargo do remetente

Nome e contato da empresa

Disclaimer

IDENTIFICAÇÃO ▶
Os textos de identificação (assinatura) podem ser reproduzidos, evitando a necessidade de digitação.

José Oliveira, Gerente de Produto
Empresa X
Tel: +1 212 555 1212
Fax: + 1 212 555 1213
http://www.empresaX.com/
As informações deste e-mail e anexos são confidenciais. Caso você não seja o destinatário da mensagem, informe o remetente imediatamente.

USO DE DIFERENTES ENDEREÇOS

Você pode utilizar seu e-mail profissional para fins pessoais, mas é mais fácil (e mais recomendável) ter um endereço apenas para este fim. Pesquise os serviços oferecidos pelos provedores de internet antes de se cadastrar e criar um e-mail pessoal.

43 Para ter um e-mail pessoal, contate um provedor de internet.

44 Passe aos amigos o e-mail pessoal e não da empresa.

E-MAIL PROFISSIONAL E MENSAGENS PESSOAIS

Sempre que possível, oriente as pessoas a separar as mensagens pessoais do fluxo de comunicação do trabalho. E-mails pessoais podem interromper a rotina profissional e criar dificuldades caso o destinatário esteja em férias ou deixe a empresa. Além disso, uma mensagem com identificação corporativa pode ser interpretada como oficial, ainda que expresse opiniões pessoais. Para evitar esses problemas, crie endereços separados.

▼ **SEM EXCESSOS**
Para manter uma postura profissional correta, não desperdice o tempo de trabalho com questões pessoais.

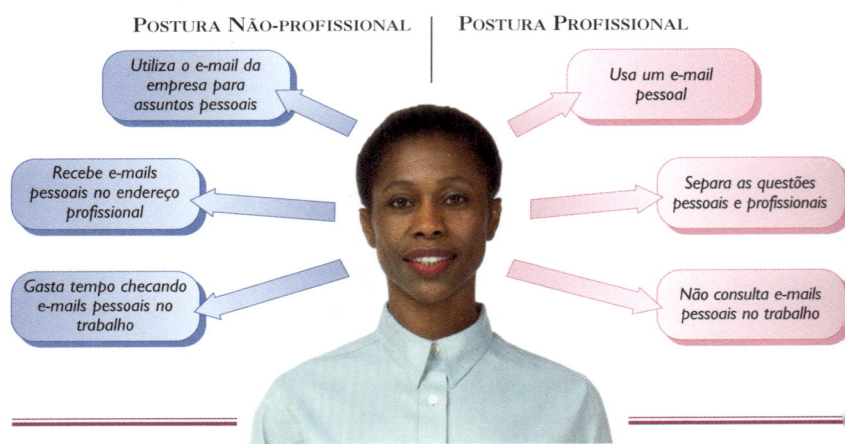

POSTURA NÃO-PROFISSIONAL | POSTURA PROFISSIONAL

- Utiliza o e-mail da empresa para assuntos pessoais
- Recebe e-mails pessoais no endereço profissional
- Gasta tempo checando e-mails pessoais no trabalho

- Usa um e-mail pessoal
- Separa as questões pessoais e profissionais
- Não consulta e-mails pessoais no trabalho

USO DE DIFERENTES ENDEREÇOS

ORGANIZAÇÃO POR ATIVIDADE

Algumas empresas preferem adotar endereços com o setor ou função em vez do nome dos funcionários, como "vendas@suaempresa.com" em vez de "paula.souza@suaempresa.com", sobretudo no caso de endereços divulgados em publicações ou no site. A medida evita a necessidade de atualizar endereços sempre que um funcionário é promovido ou deixa a organização. Além disso, quem recebe um e-mail vindo de um setor específico pode identificar sem demora o teor da mensagem. No caso do site da empresa, uma lista de e-mails por departamento pode dar a impressão de que a organização é maior do que na realidade.

PASSO A PASSO

1. Use o sistema de acesso remoto da sua empresa.
2. Se escrever de casa, mande cópia para o trabalho.
3. Atualize no escritório os e-mails recebidos em casa.

45 Direcione os e-mails de um ex-colaborador a seu sucessor.

▼ HORA CERTA PARA DESCONTRAIR

Às vezes, partilhar uma mensagem engraçada com um colega pode animar o ambiente. Porém, tente consultar os e-mails pessoais apenas nos intervalos das tarefas profissionais.

Colega mostra uma mensagem divertida que recebeu no e-mail pessoal

Escolhas Adequadas

Existem três tipos de serviços de e-mail. O servidor central *(local server-based)* é usado em empresas médias e grandes: os servidores que armazenam e organizam as mensagens ficam na empresa e são conectados à internet. O *e-mail standard* ("POP3" ou "IMAP") é oferecido pelos provedores para seus usuários, que pagam uma taxa pelo uso. As mensagens são mantidas no servidor central, que pertence ao provedor. Já o sistema de e-mail gratuito *(web-based free)*, como o Hotmail, é disponibilizado por um terceiro. Escolha o tipo de conta mais indicado para o seu uso pessoal ou profissional.

46 Se a rede da empresa estiver inoperante, use e-mail da internet.

47 Para acessar e-mail de um celular, use o protocolo "POP3".

Contas de E-mail

Tipo	Vantagens	Desvantagens
Servidor Local	● Rapidez e baixo custo ● Capacidade de acomodar grandes quantidades de dados ● Administração local ● Mais segurança ● Controle do uso dos e-mails	● Configuração inicial complicada ● Exige uma organização interna, envolvendo pessoas e computadores
E-mail Standard	● Configuração fácil ● Uso fácil	● Depende da confiabilidade do provedor; risco de interceptação ● Precisa de conexão à internet até para o envio de mensagem interna ● Não se pode afirmar que e-mails importantes estão "arquivados"
E-mail Gratuito	● Configuração fácil ● Sem custo (para uso moderado) ● Acesso de qualquer lugar ● Alternativa para fazer *backup* ● Facilidade de uso dos filtros ● Pode pré-detectar vírus	● Mais tempo de conexão ● Pode parecer pouco profissional ● Não permite baixar as mensagens para leitura posterior ● Restrição do tamanho de arquivo ● Acesso limitado a suporte técnico

USO DE DIFERENTES ENDEREÇOS

CONFIGURAÇÃO DO E-MAIL PESSOAL

É fácil configurar um e-mail pessoal, pois existem muitos servidores (inclusive gratuitos) de acesso à internet. Você pode escolher o nome que preferir, desde que ainda não tenha sido adotado por outra pessoa. Alguns provedores oferecem e-mails adicionais, que podem ser passados para amigos ou familiares. Porém, ao se cadastrar junto a um provedor, você informa alguns dados e pode entrar em *mailing lists* e passar a receber *spams*.

48 Caso use internet discada, trabalhe *off-line* para economizar tempo de conexão.

▼ **CREDIBILIDADE**
Se você trabalha em casa, ter um nome de domínio próprio pode conferir mais profissionalismo a suas mensagens.

LEMBRE-SE

- Ao trabalhar em casa, prefira usar um sistema de conexão direto com sua empresa.
- Alguns provedores de endereços gratuitos podem cancelar o e-mail se o usuário utilizar o serviço com pouca freqüência.
- Provedores pequenos são menos usados para *spams*.
- Usuários de contas múltiplas de e-mail devem indicar o objetivo de cada uma na assinatura.

IDENTIDADE GARANTIDA

Mesmo que você não tenha um site, pode ser interessante registrar o nome de domínio para sua empresa. Se não fizer isso, seu endereço irá exibir o nome do provedor (seunome@provedor.com) em vez do nome de sua empresa, o que resulta em uma aparência menos profissional. Outro inconveniente é a necessidade de informar seu novo endereço a todos os contatos caso mudar de provedor. Se você registrar um domínio para sua empresa, todas as mensagens chegarão sempre a você, ainda que troque de provedor.

REGRAS DE ARQUIVAMENTO

Em alguns casos, você pode precisar de uma mensagem que já foi apagada. Vale lembrar, porém, que os e-mails "deletados" não foram removidos definitivamente do seu computador e pode haver maneiras de serem recuperados.

EM BUSCA DE E-MAILS APAGADOS

Na maioria dos sistemas de e-mail, quando o usuário deleta uma mensagem ela é transferida da caixa de entrada para a "lixeira" ou para a pasta de "itens excluídos". De acordo com a configuração do programa, essas mensagens podem ser removidas quando o computador for desligado, ao final de um período ou quando o total de e-mails acumulado (incluindo os "deletados") superar determinada quantidade. Descubra qual a configuração do seu programa.

49 Descubra quanto tempo os e-mails devem ser preservados.

Após receber uma reclamação sobre o atraso de um pedido, a gerente consulta o funcionário

O colaborador procura a mensagem enviada

O e-mail foi deletado

▲**REGISTROS PRESERVADOS**
Em algumas situações, localizar um e-mail pode ser crucial. No exemplo acima, apesar de ter sido informado sobre o atraso na entrega, um cliente decide reclamar.

50 Verifique se a empresa tem uma prática sobre arquivamento.

GESTÃO DE ARQUIVOS

Alguns sistemas de e-mail removem mensagens antigas automaticamente, mas é melhor fazer isso você mesmo. Uma medida de prevenção é abrir uma pasta para as mensagens que podem ser necessárias no futuro. Se o sistema de e-mails de sua empresa conta com um servidor próprio, você pode se proteger contra exclusões acidentais salvando as mensagens em seu *hard disk*.

O cliente reconhece que havia sido informado. A gerente fica satisfeita com a atuação do colaborador

O profissional encontra a mensagem na qual o cliente concorda com o novo prazo

A mensagem é encaminhada ao cliente e à gerente

O funcionário não consegue comprovar o novo acordo de prazos

A chefe responsabiliza o funcionário pela perda do cliente

SEM ACÚMULO

Quem mantém todos os e-mails recebidos na caixa de entrada acaba com um acúmulo de mensagens, e procurar um item no meio de cem consome bem mais tempo. Alguns sistemas armazenam os anexos no servidor, pois às vezes um anexo ocupa mais espaço do que centenas de mensagens. Por isso, prefira salvar os anexos no seu *hard disk* e deletar a mensagem do sistema de e-mails.

51 Se perdeu um e-mail, peça reenvio ao remetente.

DICAS DE SEGURANÇA

Por mais cuidado que se tome, todos recebem e-mails indesejados. Alguns apenas atrapalham, mas outros contêm vírus e podem prejudicar o funcionamento do computador. Crie hábitos seguros de trabalho e adote sistemas de proteção.

52 Evite inserir seu endereço em listas que irão alimentar *spammers*.

53 Não responda um *spam*, nem para pedir a exclusão.

54 Tome cuidado ao informar seu e-mail em grupos de discussão.

AUTORIZAÇÃO DE ENVIO

Muitos sites pedem que o usuário registre o endereço de e-mail para posterior envio de informativos, alguns com o cuidado de incluir uma autorização na qual a pessoa concorda em receber materiais por e-mail. Se você concordar, a empresa irá se sentir autorizada a enviar informes para o seu endereço. Mas todo cuidado é pouco: ao preencher um cadastro eletrônico e informar seu endereço, você também pode entrar em um *mailing list* e começar a receber mensagens não solicitadas o tempo todo.

▼ **CONTATO INDESEJADO**
Às vezes, basta registrar seu endereço em um grupo de discussão da internet para receber mensagens não autorizadas.

Informação do endereço no site de uma empresa → *Spammers* registram o endereço → Chega grande quantidade de mensagens não autorizadas

DICAS DE SEGURANÇA

E-MAILS INDESEJADOS (*SPAMS*)

Alguns programas de e-mail incluem filtros que eliminam mensagens suspeitas, outros permitem que o próprio usuário defina os critérios de seleção. Mas sistemas fixos não resolvem o problema, pois os *spams* mudam o tempo todo. Uma saída é a adoção de programas para detectar mensagens não autorizadas (nas empresas, cabe ao setor de TI tomar esse tipo de cuidado). Se você adotar algum sistema de seleção, lembre-se de checar com regularidade se todos os e-mails descartados de fato não têm importância.

55 Atualize os sistemas de proteção.

56 Tome cuidado com o envio de mensagens comerciais, pois pode ser confundido com *spammer*.

SEM RISCOS

Se seu endereço eletrônico aparece no site de sua empresa, você pode facilmente se tornar destinatário de mensagens não autorizadas. Prefira divulgar um e-mail geral ou incluir no site um sistema que encaminha as mensagens ao destino correto. A alteração da grafia, usando-se (em) em vez de @, evita o uso do e-mail de forma automática.

COMO IDENTIFICAR UM SPAM

O QUE OLHAR	SIGNIFICADO
ENDEREÇO	O endereço do remetente é falso. Algumas vezes, inclui uma série de números em vez de um nome convencional.
IDENTIFICAÇÃO	Em geral aparece em letras maiúsculas e inclui pontos de exclamação. Pode exibir a sigla "ADV", números ou letras.
ASSUNTO	Exibe palavras ou frases chamativas. Erros de ortografia impedem que a mensagem seja deletada automaticamente.
IMAGENS	Os *spams* costumam incluir imagens (procure "IMG" no corpo da mensagem).
NOME	Em geral, aparece uma seqüência de letras ou números em vez do nome do remetente na linha "De".

COMO IDENTIFICAR *HOAXES* E CORRENTES

As mensagens do tipo corrente e com informes falsos (chamados de *hoaxes*) não apresentam perigo mas provocam perda de tempo –sobretudo quando enviadas a muitas pessoas. Os pedidos para aderir a uma causa ou repassar um e-mail para ganhar um prêmio em geral não têm fundamento (alguns sites informam sobre o teor das mensagens mais recentes). Se tiver dúvidas quanto à veracidade, consulte a internet para saber se se trata de uma mensagem verídica ou de mais um *hoax*. Mesmo os alertas sobre vírus só devem ser repassados se você tiver certeza.

57 Aprenda a reconhecer e-mails que causam perda de tempo.

58 Mantenha o antivírus sempre atualizado.

LEMBRE-SE

- Você pode criar um e-mail alternativo, com um provedor gratuito, por exemplo, para se cadastrar em sites da internet.
- Para testar se seu e-mail entrou no *mailing* de uma empresa que o usa para fins pouco éticos, crie um novo endereço, informe-o e tente rastrear as mensagens.
- Se suspeitar que seu computador está infectado por vírus, procure ajuda sem demora.

SEM INFECÇÃO

Os vírus transmitidos por e-mail estão cada vez mais comuns. Quase todas as mensagens deste tipo incluem um anexo, que o usuário sente-se tentado a abrir, e a identificação do assunto em geral é estimulante e misteriosa, como "Você nunca viu nada parecido". Jamais abra um anexo se tiver dúvidas do conteúdo, mesmo que o nome do remetente seja conhecido (isso pode ser forjado). Em alguns casos, a pessoa que enviou o e-mail não tinha a intenção de repassar um vírus e às vezes até desconhece o problema.

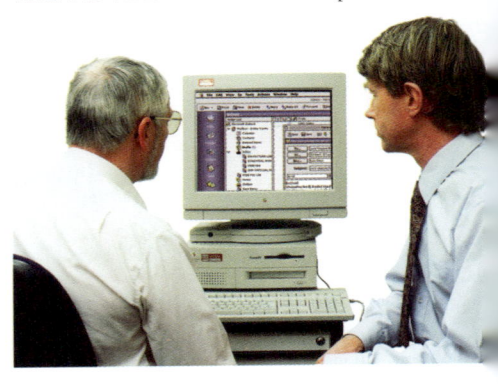

59 Um vírus pode ser transmitido mesmo sem intenção.

SETOR ▶ CAPACITADO
Na maioria das empresas, o departamento de tecnologia da informação está preparado para combater vírus e garantir segurança.

Dicas de Segurança

ESTUDO DE CASO

Lídia, proprietária de uma empresa, recebeu um e-mail de um cliente com a identificação "vacina antivírus". O e-mail tinha um anexo e instruções de instalação do programa de proteção contra vírus perigosos. Lídia achou suspeito porque seu cliente não atuava com segurança de computadores e dificilmente mandaria uma mensagem com esse teor. Na dúvida, preferiu consultar o site do fabricante de antivírus, baixar a versão mais recente e avaliar a mensagem recebida. A empresária identificou o vírus, disseminado depois que ela havia atualizado seu sistema de proteção, e o removeu antes que o problema se alastrasse. Em seguida, alertou o remetente sobre a infecção de seu computador e o avisou que, sem querer, ele estava "contaminando" outros usuários por e-mail.

◀ **ELIMINAÇÃO DO RISCO**

No exemplo ao lado, a proprietária de uma empresa identificou a chegada de um e-mail com vírus e impediu a disseminação do problema.

Suspeita de Vírus

Um e-mail com vírus pode causar um problema enorme para seu computador e para o sistema da empresa. Se suspeitar de uma mensagem, não hesite: informe o setor de tecnologia da informação, responsável pela segurança da comunicação na empresa. Eliminar um vírus exige conhecimento e por isso não convém tentar solucionar o problema sozinho, pois você pode piorar a situação. Arquive a mensagem em uma pasta de "itens suspeitos" e não repasse nem para o setor de TI, a menos que solicitado. Não restarte o computador sem receber instruções para isso nem envie mensagens de alerta para o resto da companhia, pois essa é uma tarefa do setor de TI.

60 Tenha em mente que os programas de e-mail mais comuns também são os mais visados.

E-MAILS COM VÍRUS

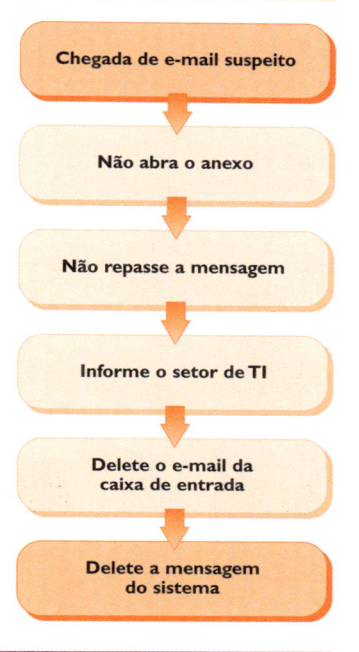

- Chegada de e-mail suspeito
- Não abra o anexo
- Não repasse a mensagem
- Informe o setor de TI
- Delete o e-mail da caixa de entrada
- Delete a mensagem do sistema

ETIQUETA NA REDE

O e-mail é um meio de comunicação diferente dos demais. Ao redigir suas mensagens, observe as instruções a seguir e crie uma impressão de eficiência e profissionalismo.

CUIDADOS NA REDAÇÃO

A facilidade para escrever e enviar uma mensagem estimula a informalidade. Aproveite esse benefício sem cair no desleixo: dedique tempo para redigir e-mails com clareza e objetividade se não quiser confundir (ou aborrecer) o destinatário.

61 Tente ser objetivo e separar os assuntos com clareza.

EFEITO POSITIVO

Rápida identificação

EFEITO NEGATIVO

Confusão para compreender o assunto

▲ **SEM EXCESSOS**
Além de irritantes, mensagens longas e repetitivas dificilmente conseguem transmitir as informações desejadas com eficiência e rapidez.

MODERAÇÃO NO TEXTO

Na hora de escrever um e-mail, pode ser tentador incluir todas as pessoas conhecidas na lista de destinatários. Lembre-se de que sua mensagem é apenas mais uma na caixa de entrada e, se quiser que seja lida com atenção, ela terá de ser bem elaborada. Além disso, se você envia para 25 pessoas uma mensagem que precisa de cinco minutos para ser lida, irá consumir mais de duas horas do tempo alheio. Tenha em mente que na tela a leitura torna-se mais fácil se o texto vier em parágrafos curtos.

CUIDADOS NA REDAÇÃO

EM NOME DA CLAREZA

Se você quer que seu e-mail seja lido, dedique atenção para a identificação do assunto. Em vez de tentar resumir o conteúdo no título, escreva a mensagem primeiro, leia-a e depois elabore a identificação. Prefira usar poucas palavras, pois frases longas demais não aparecem inteiras na caixa de identificação de diversos programas de gestão de e-mail.

> **62** Identifique o assunto com até 50 caracteres.

▼ ESCRITA OBJETIVA
Aprenda a escrever mensagens de leitura fácil e a transmitir o que é importante sem desperdiçar o tempo das pessoas.

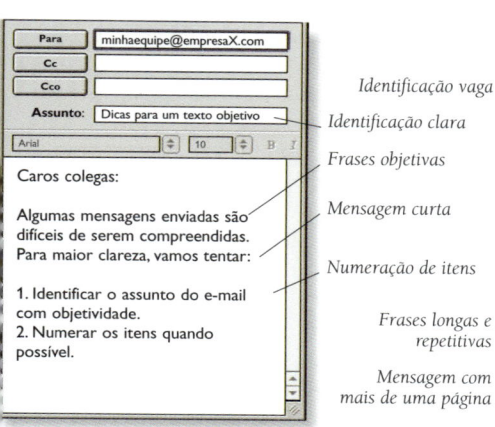

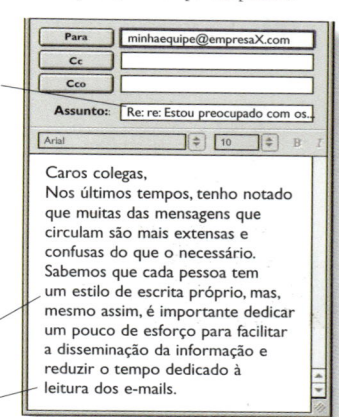

E-MAIL CONCISO

- *Identificação clara*
- *Frases objetivas*
- *Mensagem curta*
- *Numeração de itens*

Para: minhaequipe@empresaX.com
Assunto: Dicas para um texto objetivo

Caros colegas:

Algumas mensagens enviadas são difíceis de serem compreendidas. Para maior clareza, vamos tentar:

1. Identificar o assunto do e-mail com objetividade.
2. Numerar os itens quando possível.

E-MAIL EXTENSO

- *Identificação vaga*
- *Frases longas e repetitivas*
- *Mensagem com mais de uma página*

Para: minhaequipe@empresaX.com
Assunto: Re: re: Estou preocupado com os...

Caros colegas,
Nos últimos tempos, tenho notado que muitas das mensagens que circulam são mais extensas e confusas do que o necessário. Sabemos que cada pessoa tem um estilo de escrita próprio, mas, mesmo assim, é importante dedicar um pouco de esforço para facilitar a disseminação da informação e reduzir o tempo dedicado à leitura dos e-mails.

COMO RESPONDER

Mantenha a mesma identificação do assunto em uma resposta, ela virá precedida da sigla ("Re:"), pois a medida facilita a organização por tema na hora de arquivar os assuntos. Para redigir a resposta, acrescente seus comentários no início do texto, insira algumas observações ao longo da mensagem e delete o que não tiver importância. Se cada pessoa que ler e devolver a mensagem adicionar um bloco de texto no início, o e-mail corre o risco de ficar imenso.

PASSO A PASSO

1. Para enviar e-mails apenas informativos, use PSC (para seu conhecimento).

2. Nesse tipo de e-mail, você pode usar também a sigla PSI (para sua informação).

CLAREZA AO COMUNICAR

Ao contrário do que ocorre com cartas, os e-mails são informais e em geral têm um tom coloquial. No entanto, alguns destinatários podem interpretar de maneira errada. Ao escrever, pense em quem vai ler e reserve a intimidade para os amigos.

63 Seja objetivo e aumente as chances de ser compreendido.

64 Só abrevie palavras se tiver certeza de que o leitor da mensagem as entende.

ABREVIAÇÕES

Como cada vez mais pessoas compõem suas mensagens em movimento, às vezes usando o celular como teclado, aumenta a tendência ao uso de abreviações. A necessidade de facilitar o processo deu origem a uma linguagem rica em siglas e palavras de fácil identificação, como "msg" em vez de "mensagem" e "vc" no lugar de "você". Não se sinta obrigado a utilizar esse "idioma" e reserve a linguagem codificada para mensagens enviadas para quem compreende as abreviações.

SÍMBOLOS COM SIGNIFICADO

No início da era do e-mail, foram desenvolvidos sinais gráficos destinados a transmitir uma mensagem de humor, chamados de *smileys* ou *emoticons*. Em geral, apontam o tom do texto, como indiferença ou preocupação, por exemplo. Existe uma grande variedade desses símbolos, mas os mais usados estão descritos no quadro ao lado. Vale lembrar que nem todas as pessoas conhecem o significado dos *emoticons* e há quem os considere infantis. Evite usá-los em e-mails profissionais.

SÍMBOLOS

EMOTICOM	SIGNIFICADO
:-)	Tradicional sorriso. Costuma indicar satisfação.
;-)	Piscada. Em geral, acompanha uma piada ou brincadeira.
:-(	Preocupação. Costuma indicar tristeza ou desencanto.
:-I	Indiferença. Revela apatia ou falta de interesse.
:->	Sarcasmo. Usado para identificar cinismo ou ironia.

Tom Correto

Ao escrever um e-mail para uma pessoa pela primeira vez, pode ser difícil saber qual tratamento dar e como encerrar a mensagem. Aposte na neutralidade: use "Caro (fulano)" e termine com "Um abraço". Reserve formas mais próximas (como "querido" ou "um beijo") para destinatários que você conhece bem.

65 Tente solucionar questões difíceis por telefone ou pessoalmente.

66 Nos e-mails profissionais, evite ironias.

▼ EM BUSCA DE AJUDA
Se você se sente cansado ou sob pressão, pode ser útil pedir a opinião de um colega antes de mandar uma mensagem. Mostre o e-mail para uma pessoa não envolvida e peça seu parecer sincero.

O Perigo das Emoções

Quando estiver nervoso ou alterado, preste o dobro de atenção nas mensagens que pretende enviar, pois algumas vezes um e-mail que você julga inofensivo pode conter emoções que não precisam ser transmitidas. Escrever com neutralidade em momentos de agitação não é fácil, e a leitura feita pelo destinatário pode agravar ainda mais a situação. Se tiver dúvidas, elabore uma mensagem "difícil" mas não envie: faça uma leitura atenta depois de um intervalo.

Remetente pede opinião

Colega sugere mudanças

Troca de Arquivos

É possível anexar diferentes tipos de arquivo ao seu e-mail. No entanto, por causa das diferenças nos tipos de programa, procure enviar os anexos na forma mais reduzida e verifique se o destinatário poderá abri-los.

67 Sempre que for possível, evite o envio de anexos.

68 Certifique-se de que o destinatário consegue abrir os anexos.

69 Para enviar imagens, use o formato JPEG.

Formatação Ideal

Muitos programas de e-mail permitem que o usuário determine características da mensagem, como a fonte, o estilo, o tamanho e a cor do texto, além de recursos como a inserção de pontos ou de tabelas. Essas facilidades são úteis em um ambiente em que todos partilham o mesmo programa. Porém, pode haver diferenças entre o *software* do remetente e do destinatário. A não ser que você tenha certeza de que o outro usuário usa o mesmo programa, envie as mensagens como *plain text*. Se for preciso, altere a configuração do seu programa de e-mail.

Tamanho Restrito

Uma rede interna permite o envio da maioria dos arquivos. No entanto, quando se trata de um destino externo, vale a pena checar o tamanho do anexo: se for grande demais, o destinatário não conseguirá acessar. A conexão de e-mail do destinatário pode se dar por meio de um modem, e, neste caso, um arquivo de um *megabyte*, que você enviou em poucos segundos, irá precisar de 15 minutos para chegar à caixa postal final.

Algumas redes restringem o tamanho dos arquivos anexos. Quem costuma receber mensagens em celulares (mais lentos do que os computadores) também enfrenta dificuldades se o arquivo for pesado. Tente compactar os anexos e, se for preciso, oriente o destinatário na hora de abri-los.

◀ **MODEMS**
Modelos antigos podem levar mais de dois minutos para baixar 100 Kb.

TROCA DE ARQUIVOS

ENVIO DE ANEXOS

Algumas vezes, o e-mail segue acompanhado de uma imagem ou um documento, chamado de anexo. Antes de anexar um arquivo, porém, veja se o destinatário tem o programa adequado para abri-lo. Você pode achar que a pessoa trabalha com alguma versão do Microsoft Office ou um programa compatível. Mas, se a versão do programa deles for muito mais antiga do que a sua, a leitura não será possível. Em caso de dúvida, abra o documento e salve-o em uma versão anterior, usando o recurso "salvar como". Em geral, essa operação não altera em nada a formatação do seu documento (caso isso ocorra, o programa deve alertá-lo).

70 Prefira usar os programas mais comuns para garantir que o destinatário abra os anexos.

CERTO E ERRADO

✔ Para anexar um arquivo grande, use um compactador, como o WinZip.

✔ Se quiser enviar um arquivo para leitura, recorra ao PDF.

✔ Certifique-se de que os arquivos enviados apresentam um código final correto, como ".doc".

✔ Procure sempre saber qual o tamanho do anexo que quer enviar.

✘ Evite enviar anexos com mais de 1 Mb sem consultar o destinatário.

✘ Não dê nomes genéricos aos anexos, pois dificultam o arquivamento.

✘ Se precisar comentar apenas o teor do e-mail, não encaminhe os anexos.

✘ Evite o uso de fundos de cor, pois dificultam a leitura do texto.

Arquivos grandes e não compactados demoram para chegar

◀ **MENOS ESPAÇO**
Se você tiver de enviar um arquivo grande, prefira compactá-lo antes. Sem essa medida, o anexo irá exigir muito tempo para ser baixado na caixa de entrada do destinatário.

Etiqueta na Rede

E-MAILS INTERNACIONAIS

Ao enviar um e-mail para uma pessoa de outro país, lembre-se de que podem haver diferenças. Talvez o destinatário não compreenda bem o seu idioma, tenha menos familiaridade com a internet ou esteja acostumado a usar e-mail de outra forma.

71 Evite o uso de construções complexas e de jargões.

DIFERENÇAS CULTURAIS

Nos países asiáticos, os usuários esperam um tom mais formal até nos e-mails: só são tratadas pelo primeiro nome as pessoas de bastante contato, por exemplo. Na dúvida, prefira se referir a um destinatário internacional pelo sobrenome e identifique-se da mesma forma.

TRADUÇÃO DE E-MAILS

A internet não é mais um reduto onde predomina a língua inglesa, pois quase dois terços dos usuários da web falam outro idioma e espera-se que essa proporção aumente ainda mais. Algumas ferramentas da rede permitem a tradução básica de páginas em idioma estrangeiro, o que é útil para quem quer ter uma idéia geral do conteúdo, mas não pode ser considerado um recurso totalmente confiável. Se for um assunto importante, prefira contar com a ajuda de uma pessoa que conhece de fato a língua.

◀ **MUNDO GLOBALIZADO**
No mundo atual, o idioma não é considerado mais uma barreira insuperável, pois recursos eletrônicos permitem uma tradução básica.

72 Se receber um e-mail em idioma desconhecido, avise o remetente.

E-MAILS INTERNACIONAIS

ATENÇÃO AOS CUSTOS

Se o destino do seu e-mail for um país emergente, tenha em mente que o acesso à internet pode custar caro —em países como Bangladesh, o valor da assinatura mensal pode superar o salário mínimo local. Em muitos países, o acesso à internet é cobrado por minuto de uso e a velocidade da conexão pode ser bastante baixa. Por isso, não raro as pessoas consultam a caixa de entrada com pouca freqüência e o envio de arquivos pesados pode travar o recebimento.

73 Use eventuais títulos do destinatário.

74 No primeiro e-mail internacional, seja mais formal.

75 Ao se comunicar com outra cidade ou país, verifique o fuso horário.

Conhecimento das convenções de cada cultura

Escolha do horário mais adequado para envio de mensagens

Preocupação com a compreensão do destinatário

Visão global

Elaboração de e-mails claros e objetivos

CUIDADOS ▶
Para evitar problemas com o envio de mensagens por e-mail para outro país, é importante estar atento às diferenças.

PERGUNTE-SE

- **P** Sei qual a melhor forma de me dirigir a destinatários de outros países?
- **P** Ao me corresponder com pessoas de outros países, levo em conta as diferenças?
- **P** Tenho informações sobre como funciona a internet no país de destino do e-mail?

OLHO NO FUSO HORÁRIO

Os e-mails atravessam o planeta quase na mesma hora, mas pode haver diferenças de horário entre países. Quem manda uma mensagem de São Paulo para Madri no fim da tarde não deve esperar resposta no mesmo dia, pois no destino o expediente já terminou. Mas há vantagens: se você enviar uma mensagem urgente no fim do dia, de São Paulo para Madri, o destinatário terá quatro horas para resolver o problema enquanto você dorme.

ETIQUETA NA REDE

NECESSIDADES DOS CLIENTES

O e-mail facilitou a comunicação com os clientes —mas, se for usado de forma inadequada, pode causar problemas. Verifique se alguém na empresa responde os e-mails de clientes e esteja atento às necessidades dos consumidores.

76 Os clientes em geral esperam resposta dentro de um dia.

77 Inclua um e-mail de contato em todo material de divulgação.

INCLUSÃO DO ENDEREÇO

Não esqueça de incluir o endereço de e-mail nos cartões de visita, folhetos e material de divulgação da empresa. Também verifique se o site informa um e-mail para contato. Sempre que possível, tente direcionar os endereços para o setor responsável —e-mail do departamento de cobrança nas faturas e de vendas nos catálogos da companhia, por exemplo. A medida evita o repasse de mensagens de um setor para outro.

▼ **SEM DECEPÇÕES**
Oriente seus colegas e sua equipe a responder e-mails sem demora e lembre-se de que questões urgentes exigem respostas imediatas. No exemplo ao lado, a imagem da empresa diante de um cliente depende da resposta a uma mensagem enviada por e-mail.

E-mail com reclamação de um cliente

O gerente está ocupado

O gerente encontra tempo para acusar o recebimento e promete resposta

NECESSIDADES DOS CLIENTES

COMUNICADOS ELETRÔNICOS

Os informes enviados por e-mail (*newsletters*) podem ser um importante veículo para manter contato com os clientes. Além do baixo custo de envio, são ideais para estimular a divulgação boca a boca. Ainda que os clientes esqueçam de visitar o site de sua empresa, a chegada de um informe eletrônico ajuda a lembrá-los de seus produtos ou serviços. Outra vantagem é a possibilidade de obter retorno, graças à facilidade de resposta. Porém, não caia na tentação de enviar mensagens sem o consentimento do destinatário.

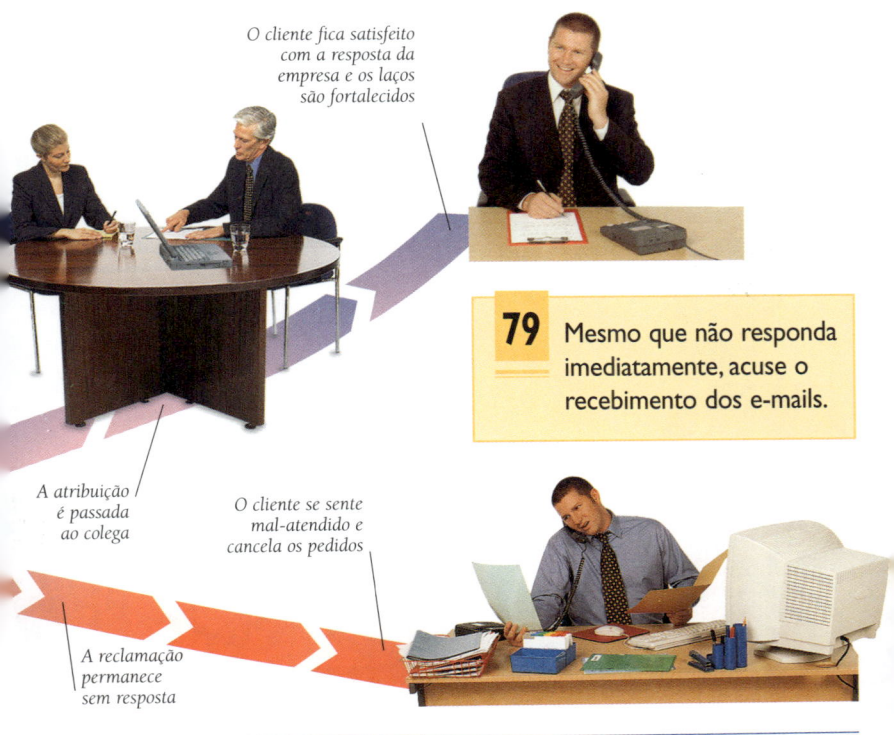

78 Se enviar informes, avise como deixar de recebê-los.

LEMBRE-SE

- Se for bem usado, o e-mail é uma ferramenta poderosa.
- É importante informar ao cliente uma data prevista de solução.
- O envio de mensagens não solicitadas pode afastar clientes.

O cliente fica satisfeito com a resposta da empresa e os laços são fortalecidos

79 Mesmo que não responda imediatamente, acuse o recebimento dos e-mails.

A atribuição é passada ao colega

O cliente se sente mal-atendido e cancela os pedidos

A reclamação permanece sem resposta

ETIQUETA NA REDE

GESTÃO DE *MAILING LIST*

Se você envia informes regulares a muitas pessoas por e-mail, avalie a possibilidade de usar um programa de *mailing list* em vez do seu *software* de envio de mensagens. Em geral, os programas específicos permitem que os usuários incluam e excluam seus endereços automaticamente. Outra vantagem é atingir um número maior de destinatários com uma única lista. Pesquise na internet para conhecer as alternativas (alguns programas são gratuitos).

80 Mande informes apenas uma vez por semana.

81 Dirija-se às pessoas pelo primeiro nome.

MENSAGEM CUSTOMIZADA

Na hora de mandar um e-mail com publicidade, pode valer a pena personalizar a mensagem. Uma opção é criar alguns informes padronizados com conteúdo específico para diferentes grupos de clientes. Um bom programa de *mailing list* permite uma atuação mais seletiva, enviando mensagens diferentes a destinatários distintos de acordo com critérios pré-definidos (idade, sexo ou código postal, por exemplo). Porém, para isso é preciso coletar essas informações junto aos destinatários dos informes.

▼ **DESTINATÁRIO CORRETO**
Hoje, poucas pessoas se dão ao trabalho de ler pilhas de material promocional. Saiba direcionar seus informes se quiser garantia de leitura.

O informe personalizado é impresso e lido com atenção

O destinatário deleta o informe sem ler

REAÇÃO POSITIVA

REAÇÃO NEGATIVA

NECESSIDADES DOS CLIENTES

PRAZER EM CONHECER

Em geral, tudo que uma pessoa que recebe um informe pode fazer é responder ao remetente. No entanto, os *mailing lists* "abertos" (que permitem que um destinatário entre em contato com outro) ampliam as chances de comunicação, pois os usuários podem trocar informações. As sugestões apresentadas podem ajudar sua equipe de suporte e você fica sabendo em primeira mão quais características os clientes gostariam de encontrar no seu produto ou serviço.

---

82 Procure dados nos *messageboards* de outras empresas.

▼ CONEXÃO RÁPIDA
Os informes enviados por e-mail e os messageboards *são essenciais para manter contato com os clientes.*

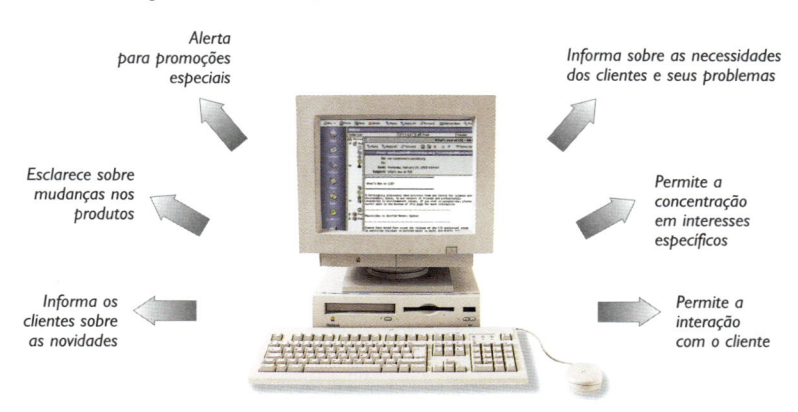

- Alerta para promoções especiais
- Informa sobre as necessidades dos clientes e seus problemas
- Esclarece sobre mudanças nos produtos
- Permite a concentração em interesses específicos
- Informa os clientes sobre as novidades
- Permite a interação com o cliente

PERGUNTE-SE

- **P** Meus clientes estão dispostos a se ajudar?
- **P** Como a empresa irá lidar com as críticas divulgadas por meio das *mailing lists*?
- **P** A empresa dispõe de alguém para participar ativamente das discussões *online*?
- **P** A empresa sabe como lidar com os dados coletados?

USO DE *MESSAGEBOARDS*

Adicionar um quadro de mensagens ao site da empresa não costuma sair caro e, se o sistema de *mailing list* aberto está disputado demais, a opção do *messageboard* pode se revelar mais simples. É mais fácil avaliar o conteúdo de cem mensagens reunidas do que abrir cem e-mails na sua caixa de entrada. As mensagens colocadas no "quadro" permanecem expostas até que alguém as remova, o que permite que os clientes solucionem algumas dúvidas sem mandar e-mails para sua companhia.

Política de Uso de E-mail

As empresas precisam de políticas claras relativas à segurança dos e-mails e aos abusos. Informe-se sobre as orientações de sua empresa e certifique-se de que sua equipe está a par.

Controle da Lista de Destinatários

A princípio, as únicas pessoas que terão acesso a um e-mail são o remetente e os destinatários. No entanto, outras pessoas às vezes lêem as mensagens. É importante saber como isso pode acontecer e aprender os mecanismos capazes de protegê-lo.

83 Ao enviar um e-mail para muitas pessoas, cheque a grafia dos nomes.

84 Não mande por e-mail conteúdos que não quer que sejam divulgados.

Privacidade Garantida

As mensagens enviadas dentro de uma empresa em geral estão protegidas contra a intervenção externa, mas, assim que entram na internet, a privacidade não pode ser garantida. Seu provedor de internet, os provedores dos destinatários e alguns *hackers* podem conseguir acessar e-mails que não tenha sido criptografados. Na prática, a interceptação ocorre muito raramente, mas é bom ter consciência dessa possibilidade.

CONTROLE DA LISTA DE DESTINATÁRIOS

DE OLHO NO PERIGO

Pode acontecer de um e-mail ser lido por outras pessoas: ou o destinatário se ausentou e deixou o acesso à caixa postal com um colega ou a mensagem foi enviada por engano. Além disso, um e-mail enviado por você pode ser encaminhado pelo destinatário para qualquer pessoa. No pior cenário, antes de ser repassada sua mensagem pode sofrer alterações no teor e apresentar dados diferentes do conteúdo original.

▲ DIFÍCIL EXCLUSÃO
Depois de enviar um e-mail, é muito difícil deletá-lo: mesmo que você o exclua do seu computador, ele pode estar registrado no servidor central. A única maneira de eliminar uma mensagem da caixa de entrada do destinatário é se o usuário deletar o e-mail.

ESTUDO DE CASO

O executivo de uma fornecedora de software foi alertado por um cliente que estava recebendo mensagens internas da empresa. Após investigar o assunto, o gerente descobriu que o cliente havia sido incluído na lista de destinatários porque seu nome era parecido com o de um dos funcionários da equipe de vendas. Bastou averiguar as mensagens enviadas por engano ao cliente para se certificar de que nenhuma informação confidencial havia sido passada. O gerente pediu a exclusão do destinatário equivocado de todas as listas de mensagens e comunicou o caso aos colegas, pedindo mais atenção. No informe, recomendou cuidado adicional com a conferência dos nomes e a checagem dos endereços de e-mails antes do envio de qualquer mensagem.

◀ DESCUIDO
Neste exemplo, problemas que poderiam decorrer da falta de cuidado do setor de vendas foram contidos graças à honestidade do destinatário acidental.

CONTROLE DOS E-MAILS

Alguns governos tentam controlar o conteúdo das mensagens eletrônicas a fim de interceptar informações relacionadas ao terrorismo ou outros crimes. Porém, é pouco provável que seus e-mails estejam sendo interceptados, a não ser que você atue em um setor considerado estratégico (a troca de correspondências entre algumas empresas pode interessar). Por isso, se você envia e-mails para uma empresa que, por sua vez, tem contato com outra sob suspeita, seus e-mails podem ser lidos.

ITENS DE SEGURANÇA

Por causa dos riscos de interceptação ou de envio equivocado de e-mails, alguns documentos confidenciais exigem proteção extra. Use senhas eficientes e adote programas que garantam a leitura apenas pelos destinatários corretos.

85 Use redes internas para ter mais garantia de segurança.

86 Envie anexos protegidos por senha em vez de texto no e-mail.

▼ **PARTILHA DE SENHAS**
Algumas empresas exigem que pelo menos uma pessoa tenha acesso a todas as senhas. Se você tiver de revelar sua senha a alguém, faça-o pessoalmente.

LETRAS SECRETAS

O modo mais simples de proteger um arquivo é limitar seu acesso ao uso de uma senha. Porém, é preciso escolher e usar a combinação com cuidado: em vez de palavras, adote as iniciais de uma frase, por exemplo. Jamais escreva sua senha e lembre-se de alterá-la regularmente. Informe-se sobre a política da sua empresa quanto à partilha de senhas e certifique-se de que apenas os profissionais do setor de tecnologia da informação têm acesso a ela.

ITENS DE SEGURANÇA

SEGURANÇA REFORÇADA

A maioria das violações da segurança não ocorre porque os *hackers* empregam computadores superiores. Em geral, o problema se origina dentro da empresa, a partir da identificação das senhas internas usadas por funcionários. Outra opção é "comprar" as senhas dos sistemas que interessam. Lembre-se de que nenhum mecanismo sofisticado irá garantir inviolabilidade se a disciplina de segurança for inadequada.

87 Desative as senhas dos funcionários que deixam a empresa.

▼ **ESCOLHA CUIDADOSA**
Defina uma combinação de difícil identificação por terceiros. Há muitos modos para fazer isso.

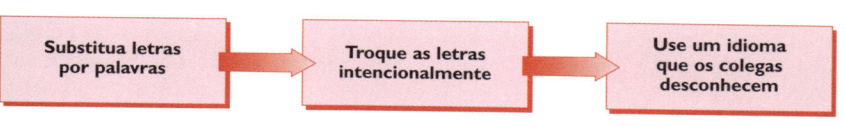

| Substitua letras por palavras | → | Troque as letras intencionalmente | → | Use um idioma que os colegas desconhecem |

CERTO E ERRADO

- ✔ Altere a sua senha com regularidade.
- ✔ Escolha senhas que não possam ser decifradas com facilidade.
- ✔ Cheque se os programas estão atualizados.
- ✘ Não dispense computadores fora de uso sem "limpá-los".
- ✘ Evite usar a mesma senha várias vezes.
- ✘ Fuja das senhas associadas a dados pessoais.

E-MAIL CODIFICADO

A maneira mais segura de enviar e-mails é recorrer à codificação, também chamada de "criptografia". Para isso, basta recorrer a um programa específico (a instalação e o uso do *software* podem ser um pouco complicados). É preciso que o destinatário use o mesmo programa e, para conseguir ler o conteúdo, ele irá precisar de duas "chaves" –uma pública e outra individual. Há quem ache o sistema incômodo demais para o uso cotidiano.

CUIDADO COM OS *HACKERS*

Até mensagens criptografadas não são 100% seguras. Se sua empresa não costuma usar a codificação, o simples fato de criptografar um arquivo irá chamar atenção. Os *hackers* mais determinados em geral conseguem romper as medidas de segurança –mas você pode dificultar o trabalho deles.

88 Teste as práticas internas de segurança com regularidade.

Os E-mails e a Lei

Do ponto de vista legal, o e-mail faz de cada pessoa que atua na empresa um agente de divulgação. Como as mensagens ficam registradas e têm valor no caso de processos, todo cuidado é pouco. Reduza os riscos com a adoção de práticas seguras.

89 A empresa pode ser processada por erros cometidos por colaboradores.

90 Se um e-mail for confidencial, avise os destinatários.

91 Se tiver dúvidas, consulte um advogado.

Cuidados com a Lei

Tome cuidado com os comentários sobre outras empresas enviados por e-mail. Não há problemas em fazer afirmações que possam ser comprovadas, como "nossos produtos equivalentes custam menos". Mas, se o teor da mensagem levantar dúvidas sobre a integridade ou situação financeira, você pode ter complicações.
Vale lembrar que até mensagens circuladas apenas dentro da organização às vezes exigem explicações.

ESTUDO DE CASO

Um funcionário de uma multinacional ouviu dizer que uma concorrente enfrentava sérias dificuldades financeiras e passou a informação por e-mail para alguns colegas — que retransmitiram a mensagem pela empresa.
Conforme a informação começou a circular, um dos gerentes achou melhor informar o departamento jurídico, que de imediato preocupou-se com a possibilidade de que a mensagem chegasse à empresa envolvida. Se isso acontecesse, haveria risco de um processo por difamação. Os responsáveis pelo setor enviaram um e-mail a todos os funcionários, alertando para riscos legais da disseminação de fatos não comprovados. Para eliminar a ameaça, o setor de tecnologia da informação recebeu a incumbência de deletar o e-mail com a "notícia" do servidor central.

◀ **EMPRESA PROTEGIDA**

Neste exemplo, a intervenção do departamento jurídico impediu um processo por difamação que poderia causar danos à imagem da companhia.

OS E-MAILS E A LEI

POSTURA IMPRUDENTE

- Desconhece o valor legal dos e-mails
- Não seleciona as palavras
- Reencaminha e-mails sem critérios

POSTURA CAUTELOSA

- Tem consciência do valor das mensagens
- Escolhe as palavras com cuidado
- Preocupa-se em deletar e-mails inadequados

PALAVRA ESCRITA

Os acordos não se limitam ao que está formalizado em contrato: se você concorda com algo por e-mail o compromisso pode ter valor legal, mesmo que você não seja a pessoa autorizada dentro da empresa. O que importa é saber se o destinatário tinha elementos para crer na sua autoridade para tal medida. Só dê sua anuência a acordos por e-mail se estiver plenamente seguro quanto à decisão.

▲ **CONSCIÊNCIA**
Basta um e-mail de um funcionário descuidado para causar um problema imenso para a empresa. Certifique-se de que a equipe conhece os riscos legais.

92 Peça permissão para enviar e-mails comprometedores.

PERGUNTE-SE

- P Posso contar com assessoria jurídica em caso de dúvida?
- P Tomo as medidas para evitar que a correspondência dos funcionários cause problemas?
- P Minha equipe está consciente dos riscos decorrentes do uso inadequado dos e-mails?
- P Tomo cuidado para evitar processos judiciais?

CONFIDENCIALIDADE

Se alguém enviar uma mensagem confidencial para sua empresa por engano e um colaborador a repassar para outra fonte não-autorizada, sua empresa pode ser responsabilizada por quebra de confiança, apesar da falta de intenção. Para evitar o repasse de qualquer material com teor confidencial, deixe claro quando se trata desse tipo de informação. Caso se trate de dados de grande importância e confidencialidade, avalie a possibilidade de apresentar um termo de sigilo para os destinatários antes do envio.

POLÍTICA DE USO DE E-MAIL

93 Esteja atento ao envio de imagens anexas a e-mails.

94 Lembre-se de que algumas piadas podem ser ofensivas.

MENSAGENS PERIGOSAS

Qualquer e-mail com imagens pornográficas ou humor racista ou discriminatório pode ser usado em um processo envolvendo discriminação, mesmo que o autor da queixa seja apenas um dos destinatários. Se a mensagem tiver sido enviada para muitas pessoas, pode ficar caracterizada a tentativa de criação de um ambiente hostil. Para evitar esse tipo de risco, jamais repasse qualquer e-mail contendo materiais que possam ser considerados ofensivos.

LEMBRE-SE

- A equipe deve saber do valor dos e-mails para casos de processos judiciais.
- Um processo por assédio sexual pode comprometer seriamente a imagem de uma empresa.
- Antes de mandar um e-mail, informe-se sobre as implicações legais dos outros países.

▼ **SEM DESCULPA**
Quem envia material com conteúdo inadequado pode ser responsabilizado, mesmo que não seja o autor da "brincadeira". Uma empresa deve adotar uma política clara para orientar sobre o uso correto dos e-mails.

A gerente alerta que este tipo de mensagem é inadequado

Recebe um e-mail com teor machista e mostra ao colega

DIFERENÇAS CULTURAIS

A legislação de cada país varia. Mesmo que conheça as leis do local onde mora, lembre-se de que pode violar alguma regra no país do destinatário. Por exemplo: na Alemanha, a lei não permite oferecer dois produtos pelo preço de um, e na Suécia a propaganda de brinquedos para crianças é proibida.

▲ **COM A DEVIDA PERMISSÃO**
Antes de copiar ou encaminhar por e-mail algum material produzido por outra pessoa, certifique-se de que o autor não se incomoda com este fluxo.

95 Ao enviar um e-mail "delicado", deixe claro.

96 Não seja condescendente com as violações.

DIREITOS AUTORAIS

É fácil encaminhar textos extraídos de relatórios, pesquisas ou outro material produzido por outra pessoa, e em geral acredita-se que não há risco nenhum nessa iniciativa. Porém, alguns conteúdos são protegidos por leis de direitos autorais e o uso sem consentimento pode resultar em processos judiciais. Se sua empresa utilizar algum material desenvolvido expressamente para outro fim (como pesquisa acadêmica, por exemplo), entre em contato com os autores para obter autorização para encaminhamento.

DISCLAIMERS

Muitos acham que basta acrescentar um *disclaimer* (texto de alerta) no final dos e-mails para se proteger dos riscos de processo. Esse recurso é útil, mas é essencial adequá-lo às necessidades da empresa e à importância de cada e-mail. A presença do *disclaimer* não irá protegê-lo se o teor da mensagem for falso ou ofensivo. Frases como "As informações deste e-mail e anexos são confidenciais. Caso não seja o destinatário da mensagem, informe o remetente imediatamente" orientam o destinatário, mas se estiverem em todos os e-mails perderão o impacto.

DEFINIÇÃO DE REGRAS

Nenhuma empresa quer enfrentar processos por causa de mensagens enviadas por funcionários, ainda que sem intenção. Para reduzir os riscos, defina regras claras sobre o uso adequado das mensagens eletrônicas e informe a todos.

97 Se a empresa não tiver uma política clara, lute por sua criação.

98 Informe-se sobre o sistema de controle de e-mail.

99 Controle as mensagens o mínimo possível.

DE ACORDO COM A LEI

Apesar das diferenças de uma legislação para outra, em geral os tribunais consideram os e-mails como provas em caso de processos, inclusive no Brasil. Algumas empresas monitoram o conteúdo dos e-mails dos funcionários (o que não costuma agradar as pessoas). Vale ter em mente que o controle abusivo das mensagens também pode resultar em problemas por cercear a liberdade de comunicação das pessoas.

PASSO A PASSO

1. Preocupe-se com os aspectos funcionais e com a questão jurídica.
2. Elabore uma política de uso adequada à empresa.
3. Defina regras claras e conseqüências para as violações.

Colega anota pontos importantes

Assessora jurídica alerta para os riscos

DEFINIÇÃO DE REGRAS

REGRAS

- Informe-se sobre a política de e-mails das outras empresas
- Elabore as diretrizes
- Esclareça as regras para todos os funcionários

100 Informe a política para os novos colaboradores.

101 Certifique-se de que a equipe conhece as regras.

QUAL É A ORIENTAÇÃO?

Talvez sua empresa já tenha elaborado uma política de uso de e-mail. Caso você não a conheça, é importante alertar seu superior para uma divulgação mais ampla: um sistema de regras só terá validade se as pessoas souberem que ele existe. Mesmo que a política tiver sido desenvolvida para aplicação em toda a companhia, verifique se você pode fazer alguma alteração a fim de atender demandas específicas de sua equipe ou departamento.

▼ **SEM ESPAÇO PARA DÚVIDAS**
Para surtir efeito, uma política de uso de e-mails precisa ser informada com clareza. Pode valer a pena promover reuniões ou workshops para esclarecer todas as dúvidas.

Gerente usa exemplos práticos extraídos do cotidiano para avaliar os aspectos legais

Colega soluciona dúvidas sobre as implicações do uso do e-mail

Teste Suas Habilidades

Não se aprende a usar o e-mail com eficiência da noite para o dia. Avalie seu desempenho por meio do teste a seguir, marcando as opções mais próximas de sua experiência real. Seja sincero: se a resposta é "nunca", assinale a alternativa 1; se for "sempre", marque o item 4, e assim por diante. Some os pontos, consulte o quadro de resultados e avalie como melhorar seu desempenho.

Contagem
1 Nunca
2 Às vezes
3 Várias vezes
4 Sempre

1 Meu catálogo de endereços está sempre atualizado.
[1] [2] [3] [4]

2 Eu me certifico de copiar o e-mail apenas aos destinatários de interesse.
[1] [2] [3] [4]

3 Reviso duas vezes os endereços que não constam do catálogo automático.
[1] [2] [3] [4]

4 Respondo as mensagens de acordo com sua urgência ou importância.
[1] [2] [3] [4]

5 Avalio se e quando um chat ou telefonema são mais eficientes do que o e-mail.
[1] [2] [3] [4]

6 Uso a tecnologia móvel para checar o e-mail se estou longe de minha mesa.
[1] [2] [3] [4]

TESTE SUAS HABILIDADES

7 Eu disponho de meios para conseguir trabalhar fora do escritório, se preciso.

| 1 | 2 | 3 | 4 |

8 Organizo meus e-mails enviados e recebidos dentro de pastas.

| 1 | 2 | 3 | 4 |

9 Verifico minhas pastas para checar se há e-mails mal arquivados ou esquecidos.

| 1 | 2 | 3 | 4 |

10 Recorro a filtros para lidar com os e-mails recebidos.

| 1 | 2 | 3 | 4 |

11 Identifico as mensagens que terei de analisar e responder mais tarde.

| 1 | 2 | 3 | 4 |

12 Aviso meus contatos no caso de impossibilidade de ler meu e-mail.

| 1 | 2 | 3 | 4 |

13 Disponibilizo contatos úteis no catálogo de endereços compartilhado.

| 1 | 2 | 3 | 4 |

14 Checo duas vezes se um e-mail padrão é adequado ao destinatário.

| 1 | 2 | 3 | 4 |

15 Certifico-me de divulgar pela empresa os e-mails de novos funcionários.

| 1 | 2 | 3 | 4 |

16 Reservo uma conta de e-mail separada para minha correspondência pessoal.

| 1 | 2 | 3 | 4 |

Política de Uso de E-mail

17 Antes de fornecer meu endereço, consulto a política de privacidade dos *sites*.

[1] [2] [3] [4]

18 Checo os itens excluídos para verificar se os filtros não deletaram e-mails importantes.

[1] [2] [3] [4]

19 Evito passar adiante "correntes" e alertas sobre vírus.

[1] [2] [3] [4]

20 Mantenho atualizado o software antivírus de meu computador.

[1] [2] [3] [4]

21 Consigo identificar quando um e-mail parece conter vírus.

[1] [2] [3] [4]

22 Edito meus e-mails para garantir que a mensagem seja clara e sucinta.

[1] [2] [3] [4]

23 Ao replicar um e-mail, removo o texto anterior caso ele seja desnecessário.

[1] [2] [3] [4]

24 Na linha reservada ao assunto, tento ser o mais claro e conciso que puder.

[1] [2] [3] [4]

25 Evito os jargões – inclusive aquele relacionado à tecnologia e ao e-mail.

[1] [2] [3] [4]

26 Evito enviar e-mails quando estou muito preocupado ou irritado.

[1] [2] [3] [4]

TESTE SUAS HABILIDADES

27 Levo em conta o nível cultural do destinatário de minha mensagem.

| 1 | 2 | 3 | 4 |

28 Nas respostas, uso o mesmo grau de formalidade adotado pelo destinatário.

| 1 | 2 | 3 | 4 |

29 Preocupo-me com o tamanho dos anexos que envio.

| 1 | 2 | 3 | 4 |

30 Divulgo o endereço de e-mail por meio do material de divulgação da empresa.

| 1 | 2 | 3 | 4 |

31 Tenho o cuidado de escolher senhas difíceis de ser adivinhadas.

| 1 | 2 | 3 | 4 |

32 Estou seguro de que meus colegas conhecem as políticas de uso do e-mail.

| 1 | 2 | 3 | 4 |

ANÁLISE DE RESULTADOS

Após responder a todas as perguntas do teste, some seus pontos e verifique seu desempenho. Seja qual for o seu nível de sucesso, lembre-se de que sempre é possível melhorar. Identifique os setores mais críticos e retome a leitura das páginas que abordam o assunto, a fim de aperfeiçoar sua eficiência no uso do e-mail.

32–64: É preciso trabalhar para desenvolver suas habilidades, caso queira usar o e-mail de maneira mais eficiente.

65–95: Você tem conhecimento razoável de muitos aspectos relativos ao uso corporativo e pessoal do e-mail. Reveja seus pontos fracos para melhorar seu desempenho.

96–128: Parabéns: você realmente sabe lidar com o e-mail. Oriente os colegas de equipe e tente refinar suas habilidades.

ÍNDICE

A
abreviações 46
anexos
  etiqueta 48–9
  e os PDAs 14
  utilidade 9
  vantagens 16
arquivos *ver* anexos
assinatura 9, 33
assunto 9
  texto 11
  clareza 45
aviso de recebimento 10, 11

B
busca
  de endereços 30–1
  para e-mails 22–3

C
caixa de entrada
  e as atribuições 35
  leitura rápida 22
  organização 18–22
cc (*carbon copy*)
  utilidade 9
  cco (cópia oculta) 9
  resposta 25
celulares
  POP3, conta 36
chamadas telefônicas 16–7
compactação, programas 48–9
comunicação, clareza 46–7
comunicação instantânea 27
confidencialidade 61
contato direto 16–7
controle
  governo 57
  inadequado 64
cópias 9
cores, uso 49
corpo do texto 9
"correntes" 42
criptografado 10
e a segurança 59
custos
  cálculo 11
  internet 51
  outras mídias 16–7

D
dados, retenção 16–7
deletar e-mails
diferença de horário 16–7
diferenças culturais 50–1
  questões legais 63
direitos autorais 63
  após envio 57
  importância 19, 24
  localização posterior 38
disclaimers 63
discriminação 62
domínio
  códigos 30–1
  propriedade 37

E
e-mail
  acúmulo, como evitar 39
  arquivo 38–9
  busca 9, 22–3
  caixa de entrada *ver* caixa de entrada
  características 9, 11
  com servidor 10, 36
  contas 36–7
  controle *ver* controle
  customização 54
  custos *ver* custos
  de internet 36
  deletar *ver* deletar e-mails
  desnecessários 27
  desvantagens 17
  endereços *ver* endereços
  etiqueta *ver* etiqueta na rede
  filtros *ver* filtros
  formatação 9, 48
  gestão *ver* gestão de
    e-mail
  global 50–1
  grupos 29
  história 6–7
  HTML 10
  inadequados 62
  listas virtuais 31
  localização 9, 22–3
  medidas de segurança 40–3
  mídias, outras 16–7
  não autorizados 41–3
  não entregues 11
  organização 11
  pastas 18–20
  pessoais *ver* e-mail pessoal
  política de uso *ver* política
  segurança 58–9
  sobrecarga 24–7
  software *ver* software
  tecnologia 8–9
  termos, explicação 10
  transmissão 8
  uso eficiente 12–3
  vantagens 7
e-mail de internet 36
e-mail pessoal
  contas 37
e-mail profissional 34
  tempo para checagem 35
  uso no trabalho 17
emoções 47
emoticons 46
endereços
  arquivo 9
  catálogo
    gestão 28–9
    partilha 29
    utilidade 9
  diferentes 34–7
  digitação correta 11
  localização 30–1
  partilha 40
  registro 52
etiqueta
  anexos 49